Gustav Hartwig

Balladen und andere Gedichte

Gustav Hartwig

Balladen und andere Gedichte

ISBN/EAN: 9783743625457

Hergestellt in Europa, USA, Kanada, Australien, Japan

Cover: Foto ©Thomas Meinert / pixelio.de

Manufactured and distributed by brebook publishing software (www.brebook.com)

Gustav Hartwig

Balladen und andere Gedichte

Balladen
und andere Gedichte.

Von

Gustav Hartwig.

Breslau.

Schlesische Buchdruckerei, Kunst- und Verlags-Anstalt
b. S. Schottlaender.

Leipzig: E. F. Steinacker.   1897.   New-York: Gustav E. Stechert.

Herrn Geh. Justizrat Professor

Dr. Felix Dahn

verehrungsvoll und dankbar gewidmet.

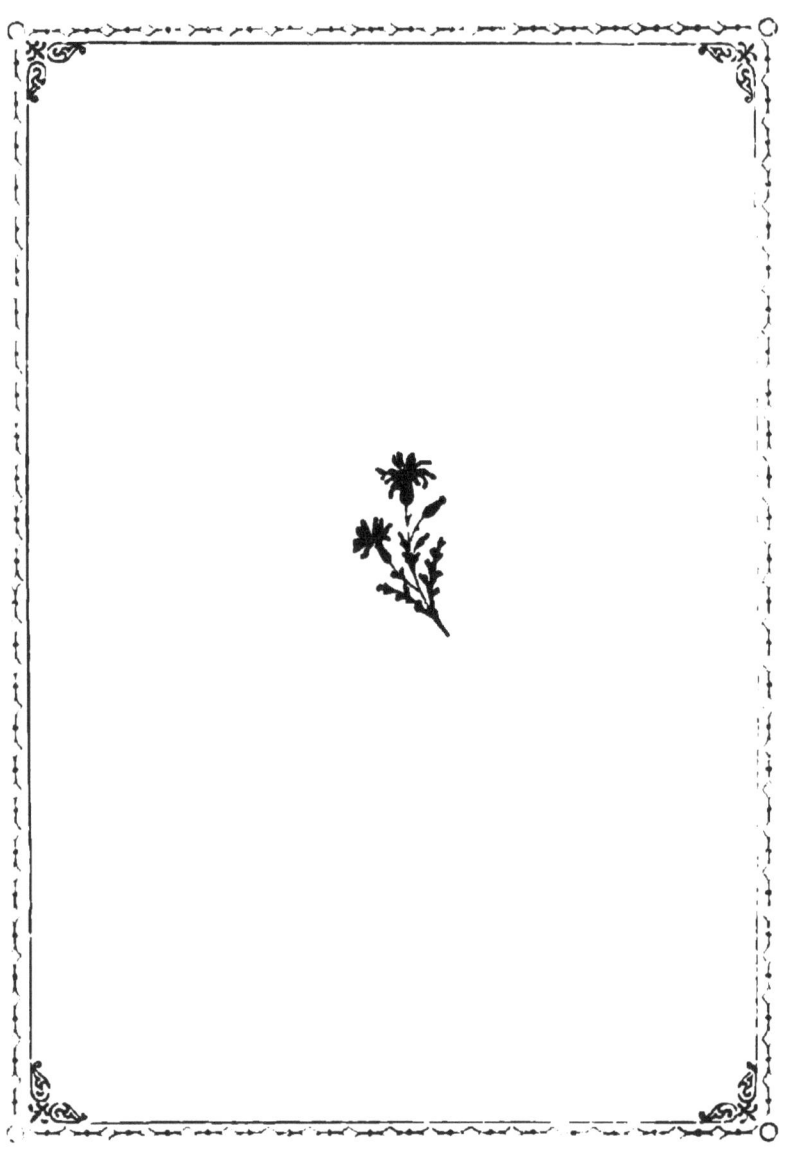

Inhalt.

Leichtgeschürztes.

Gelegenheits-Gedichte.

Zu den mit * bezeichneten Gedichten finden sich am Schluß Anmerkungen.

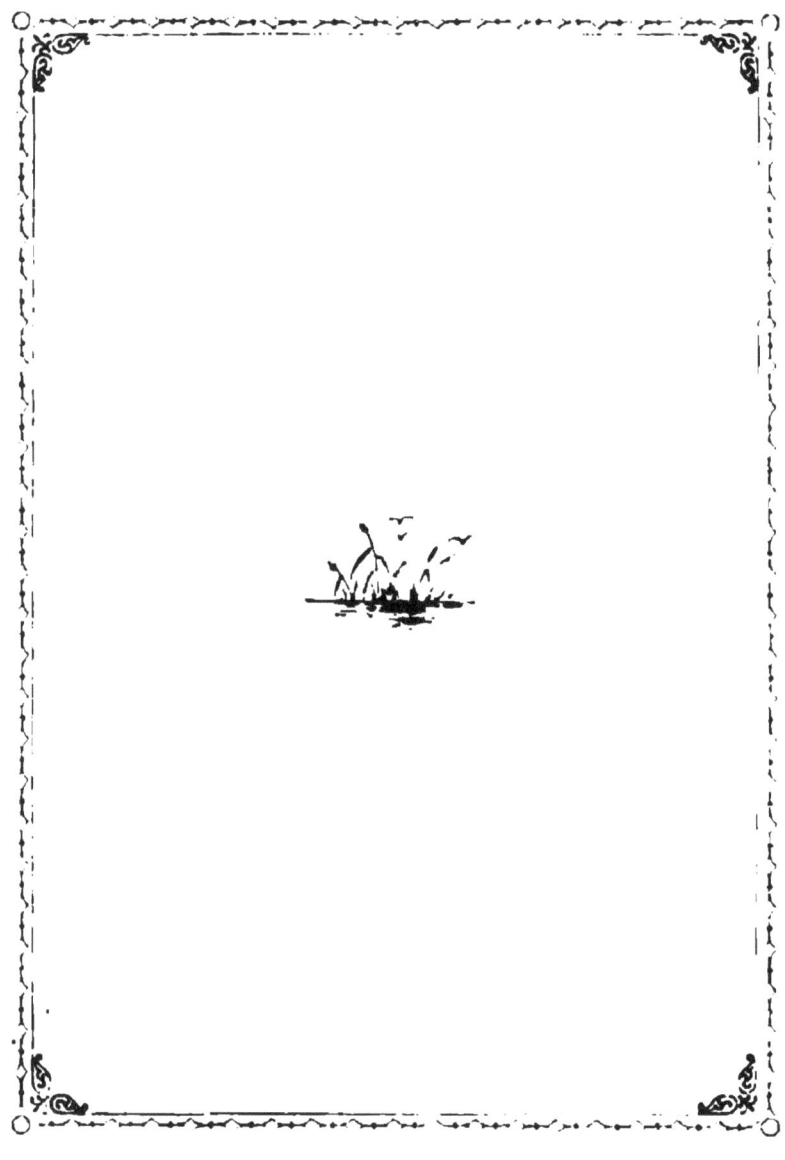

Vorwort.

❦

Dieselben Wege wandl' ich wieder
Und vor mir liegt derselbe Pfad,
Den ich als Dichter „erster Lieder"
Gar hoffnungsfreudig einst betrat.
Ich sah die Halme lustig schießen,
Aus jedem einzelnen Gedicht
Sah' ich die Ruhmes-Aehren sprießen,
Ich sah' der künft'gen Glorie Licht.
Doch ach! die Hoffnungskinder starben,
Die jenes Zukunftsbild belebt,
Glanzlos, in matt gedämpften Farben
Die Gegenwart sich um mich hebt;
Doch, ob auch Jugendwahngebilde
Sich aufgelöst in eitlen Schein,
Es harrte doch auf dem Gefilde
Der Dichtung reiche Ernte mein:

In Schöpfungen erhab'ner Meister
Durft' ich auf ihren Spuren nah'n
Den lichten Höhen hehrer Geister,
Durft' Geist von ihrem Geist empfah'n .
Und, wo in dichterischer Weihe
Das Wort harmonisch, klangvoll fließt,
In rhythmischer Accorden-Reihe
Uns seine Zauberkraft erschließt,
Da habe Wonne ich empfunden,
Wie wär' ich überreich belohnt,
Würd' meine Dichtung einst bekunden,
Daß solche Kraft ihr inne wohnt.
Daß sie nur einen Strahl der Wonne
Einst in die Herzen And'rer lenkt,
Die jene strahlenreiche Sonne,
Die „deutsche Dichtung", mir geschenkt.

Balladen und Lebensbilder.

Johannisnacht.

Nach einer englischen Sage.

❧

Im Dorf ist's todtenstill, nur aus dem Munde
Der Thurmuhr dröhnen Schläge, dumpf und schwer,
Sie künden durch die Nacht die elfte Stunde,
Und dann herrscht wieder Schweigen ringsumher.

Durch stille Gassen schleicht ein Mann zur Pforte
Der Kirche, die des Mondes bleicher Strahl
Mit Glanz umgießt, er naht dem heil'gen Orte
Mit scheuem Tritt, er schreitet zum Portal.

Er späht ringsum nach einer sicher'n Stelle,
Als führe Diebstahl er und Raub im Sinn
Und kauert sich, wohin des Mondes Helle
Zu dringen nicht vermag, in's Dunkel hin.

In der Johannisnacht, so geht die Sage,
Zieht durch die Kirche eine Geisterschaar
Und wer dort harrt beim zwölften Glockenschlage,
Dem wird die dunkle Zukunft offenbar.

Er sieht Gestalten durch die Lüfte wallen,
Im Geisterschwarm an ihm vorüberzieht
Der Schatten derer, die dem Tod verfallen,
Die zieh'n zum Grabe, deren Bild er sieht.

Auf diese Botschaft harret hier der Arme
Und, zieht die todgeweihte Schaar vorbei,
Dann hofft er, daß der Himmel sich erbarme
Und ihm sein eigner Tod verkündet sei.

Denn nur der Tod vermag den Bann zu heben,
Der auf ihm lastet, seit ihn Haß und Streit
Getrennt von der Gefährtin, der sein Leben
Er einst in Liebe am Altar geweiht.

Vom Thurme dröhnt's, die Mitternacht zu künden. —
Er starrt entsetzt, mit vorgebeugtem Leib,
Vor Schrecken bleich, die Zukunft zu ergründen,
Er prallt zurück, sein Auge sieht — sein Weib.

Sie harrte hier auf mitternächt'gem Gange
Von gleichem Leid, von gleichem Wunsch erfüllt,
Daß Kunde von der Zukunft sie erlange,
Zu seh'n, was die Johannisnacht enthüllt.

Ihr Blick fällt auf den Gatten, es entrollte
Vor ihrem Auge sich der Zukunft Schooß.
Sie sieht entsetzt, ob auch ihr Herz noch grollte,
Des einst geliebten Mannes Todesloos.

Sie wankt zurück, es schwebt das Bild des Gatten
Vor ihres Geistes Auge starr und blaß,
Und wie im Morgenlicht die dunkeln Schatten
Der Nacht entweichen, schwinden Zorn und Haß.

Auch in des Gatten Brust begann's zu tagen,
Er denkt des Weib's, das bald im Grabe ruht.
Er fühlt sein Herz in schnellern Pulsen schlagen,
Und neu entbrennt erlosch'ner Liebe Glut.

So knüpften sich auf's Neu' die alten Bande,
Die Liebe fand bei ihnen einen Herd,
Gleich wie zu dem geliebten Vaterlande
Der Flüchtling heim aus der Verbannung kehrt.

Des Glückes Sonne strahlte hell dem Paare,
Seit die erstorb'ne Liebe neu erwacht,
Die Wochen wurden Monde, dann zum Jahre,
Der Sommer kam, mit ihm Johannisnacht.

Ringsum ist's still, die Kirche glänzt im Strahle
Des Mondes, der wie Glorienschein umzieht
Das fromme Paar, das betend am Portale,
Versenkt in tiefe Andacht niederkniet:

„Gewähr, o Gott, daß uns'res Glück's noch lange
Wir dankbar uns erfreu'n, bis sich erfüllt
Dereinst, was uns auf mitternächt'gem Gange
An dieser heil'gen Stätte ward enthüllt." —

Die letzte Saite.

✱

„Frisch ausgetrunken, Geigerlein!
Stärkt Euch mit einem Glase Wein!
Die Nacht ist kalt, der Weg ist weit,
Die Spuren der Pfade sind eingeschneit." —

„Gut' Nacht!" — Aus der lärmenden Gäste Schwarm,
Die treue Geige unter dem Arm,
Aus der Stube qualmig, eng und heiß,
Tritt der Spielmann, ringsum Schnee und Eis.

Wie er eben munter den Bogen schwang,
So schreitet er rüstig die Straße entlang.
Wohl über zwei Meilen weit ist sein Weg,
Doch führt durch den Wald ein kürzerer Steg.

„Herr Gott, wie kalt! Es erstarrt mir bald
Das Blut, ich gehe durch den Wald.
Ich habe ja schon in finst'rer Nacht
Gar oft denselben Weg gemacht."

Auf die schneeige Fläche, vom Mond erhellt,
Der Tannen dunkler Schatten fällt;
Rings totenstill, nur unter der Last
Des Schnees bricht krachend zuweilen ein Ast.

Der Spielmann ist lustig, denn es klingt
In der Tasche der Lohn, den heim er bringt,
Den er mühsam verdient im Geigenspiel, —
Er ist in Gedanken schon am Ziel.

Gleich tausendfachen Armen streckt
Der Wald seine Aeste schneebedeckt
In die Nacht, sie schimmern im Mondesstrahl
Unheimlich, gespensterhaft, bleich und fahl.

„Horch! Hab' ich's im Dickicht nicht knistern gehört?"
Ein Häslein wohl, das ich im Schlafe gestört,
Der Spielmann denkt und schreitet voran,
Zwei funkelnde Augen glotzen ihn an.

„Ein Hund? der ist wohl vom Hunger geplagt,
Daß er die Zähne zu zeigen wagt?
Aus dem Wege! Was seh' ich! — Noch einer, zwei, drei —
Rings funkelnde Augen. — Gott, steh' mir bei!

Ein Rudel Wölfe und weit und breit'
Keine Hilfe. — Allein in der Einsamkeit." —
Ein Schrei des Entsetzens den Wald durchdringt. —
„Ist Niemand, Niemand, der Hilfe bringt?"

Es sträubt sich sein Haar, es umflort sich sein Blick,
Es schlottern die Kniee, er wankt zurück,
Er sinkt. — Aus gähnenden Rachen droht
Von fletschenden Zähnen ringsum der Tod,

Einer hohen Eiche mächtiger Stamm
Schützt den sinkenden Spielmann und wundersam,
Durch die unheilvolle Waldeinsamkeit zieht,
Wie Hohn und Wahnsinn, ein lustiges Lied.

Er richtet sich auf, in zitternder Faust
Der Bogen über die Saiten saust,
Und die Geige stöhnt und klagt und singt:
„Ist Niemand, Niemand, der Hilfe bringt?"

Die Wölfe schauen den seltsamen Mann
Mit scheuen Augen verwundert an;
Sie halten ihr wehrloses Opfer umringt.
Juchhei! Ein lustiger Czardas erklingt.

Welch grausiger Spuk, welch' Höllenconcert!
Es spielt, die Züge von Schrecken verzerrt
Ein Spielmann vor Wölfen. — Ein einz'ger Moment
Der Ruhe, dann wär's mit dem Spielmann zu End'.

So führte der Aermste den Bogen noch nie;
Jetzt eine lustige Melodie,
Dann ein kreischender, stöhnender, schmerzlicher Klang
Und ein schriller Ton. — Eine Saite sprang.

Es überläuft ihn glühend heiß,
Er schaudert, ringsum der entsetzliche Kreis.
Eine Saite gesprungen und nur noch drei;
„O weh' mir!" — die zweite reißt entzwei.

Wie ein Thier, das sie endlich zu Tode gehetzt,
Umkreisen die Wölfe den Spielmann jetzt
Mit tollen Sprüngen, mit hungrigem Blick,
Und schwächer und schwächer erklingt die Musik.

Und mit den ersterbenden Tönen schwand
Die Zauberkraft, welche die Wölfe gebannt.
Sie halten ihr wehrloses Opfer umringt.
Ein Strich — und die dritte der Saiten springt.

„Nur eine noch übrig, — nun ist's vorbei!"
Wie eines Sterbenden Todesschrei
Klingt der Ton, den er der Saite entlockt;
Es zittert sein Arm, erschlafft und stockt.

Mit dem schwindenden Ton, der jetzt erlischt,
Das Heulen der hungrigen Wölfe sich mischt.
Vor den Augen des Spielmanns wird es Nacht.
Die Lippen beben. — Nun ist's vollbracht.

„Meine Seele empfehl' ich in Deine Hand,
Herr Gott!" — die Besinnung des Armen schwand.
Das Opfer bewußtlos am Boden lag. —
Ein dämonisch Geheul. — Ein Blitz, ein Schlag.

Ein Schuß, ein zweiter, von sicherer Hand
In die Reihen der heulenden Wölfe gesandt,
Verderbenbringend, sie treffen gut,
Zwei Wölfe liegen in ihrem Blut.

fort ſtieben die andern. — Wie Sphärengeſang
Tönt der Schall von Stimmen· und Schellenklang,
Und ein Schlitten trägt die Schützen herbei,
Die entſendet das tödlich treffende Blei. —

Ein Bild der heiligen Jungfrau hängt
Vor des Spielmanns Hütte, es umfängt
Die Mutter Gottes ein ſchlichter Schrein,
Der ſchließt auch die treue Geige jetzt ein.

Die Glücksnummer.

Nach dem Leben.

☙

„Sechshundert Gulden!   Ist's wirklich wahr?
Das wär' ein Glück! Hier, es ist klar,
Hier steht die Nummer und deutlich dabei:
Sechshundert Gulden Gewinn. — Juchhei!

Nun ist's vorbei mit Elend und Not,
Mit Sorge um mein kärglich' Brot,
Wie andre Menschen kann ich nun
Mir auch einmal was Gutes thun.

Wenn's jetzt mich friert, so heiz' ich ein
Und sitz' im warmen Kämmerlein
Und hungert's mich, für Speis' und Trank
Kann ich jetzt sorgen, Gott sei Dank!

Und morgen, ob's auch friert und schneit,
Dann gehe ich zu guter Zeit,
Auf daß vor Nacht zurück ich bin,
Zur Stadt und hole den Gewinn." —

Noch breitet über's stille Land
Sich aus der Dämmerung Gewand;
Nur matt aus trüben Wolken bricht
Des grau'nden Tages kärges Licht.

Da hebt es sich vom dunst'gen Flor,
Ein dunkler Schatten tritt hervor,
Ein Wandrer zieht mit rüst'gem Gang
Den schneebedeckten Weg entlang.

Lautlos erstirbt der Schritte Schall
Im Schnee, ganz still ist's überall,
Doch, ob auch einsam und allein,
Es schaut der Wand'rer froh darein.

Ob's auch von Eis und Schnee rings starrt,
Er denkt des Glücks, das seiner harrt,
Denkt seines Schatzes, mit dem Schein
Des Tags trifft er am Ziele ein.

Er nimmt auf seinem Glückesgang
Sechshundert Gulden in Empfang
Und gönnt, bevor zurück er kehrt,
Sich Speis' und Trank, so oft entbehrt.

Freudig, gestärkt tritt er alsdann,
Von Dank erfüllt, den Rückweg an;
Durch gramgefurchte Züge bricht
Ein Strahl des Glücks. — Der Schnee fällt dicht.

Bis in der Bäume Kronen spannt
Sich aus das weiße Schneegewand,
Wohin der Blick dringt, schimmert bleich
Und grell die Flur und Strauch und Zweig.

Des Pfades Spur im Schnee verschwand,
Der Wandrer hält zum Ziel gewandt,
Die Richtung, die er nie verfehlt,
Fest ein, von Zuversicht beseelt.

Ob ihn auch Schnee umwirbelt dicht,
Noch leuchtet ihm des Tages Licht
— Will's Gott — bis zu dem nahen Ziel.
Weh, wenn die Nacht ihn überfiel!

Da stiebt, vom Windeshauch erfaßt,
Der Schnee herab von Strauch und Ast,
Und sausend wirft in raschem Lauf
Ein Windstoß Schneestaubwolken auf.

Der Wandrer bebt, ein kurz' Gebet
Die Lippe spricht, er weiß, es steht
Ihm schwerer Kampf bevor, und jetzt
Heißt's alle Kräfte eingesetzt.

Tief in den Schnee sein Fuß sich senkt,
Doch unbeirrt den Schritt er lenkt
Von Gottvertrau'n und Muth belebt
Dem Ziele zu, nach dem er strebt.

Es rauscht, es wirbelt um ihn her. —
Wie Gischt im aufgewühlten Meer
Hebt sich der Schnee, der sturmbeschwingt
Von allen Seiten ihn umringt.

Nie hatte sich ein Glückesstrahl
Zu ihm verirrt, zum ersten Mal
Erglänzt in froher Hoffnung Schein
Das Ziel, sein armes Kämmerlein.

Und jetzt soll's unerreichbar sein?
„Nein!" zuckt's durch jeden Nerv ihm, „Nein!"
Und Schritt vor Schritt entgegenstemmt
Er sich dem Sturme, der ihn hemmt.

Er kann nicht fern der Heimat sein,
Schon bricht die Dämmerung herein.
Zur Seite seines Weges ziehn
Sich Bäume bis zum Dorfe hin.

Es späht sein Blick entlang den Pfad,
Ob sich Erlösung noch nicht naht,
Ob noch kein schirmend' Dach ihm winkt,
Kein Lichtstrahl ihm entgegenblinkt.

Der Sturm peitscht Schnee ihm in's Gesicht,
Und er vermag im Dämmerlicht
Nicht mehr die Bäume jetzt zu sehn,
Die an des Weges Saume stehn.

Er schreitet rechts und links im Raum,
Vorwärts, — zurück, — da ist kein Baum,
Kein Stamm zu tasten, noch zu sehn, —
Herr Gott! Was ließest Du geschehn!

~~~~~~

Sein Blut gerinnt, unsäglich' Weh
Zieht in sein Herz. — Verirrt im Schnee,
Von Nacht umhüllt, im Sturmgebraus,
Das Ende naht, der Kampf ist aus.

Nach welcher Richtung er sich schlägt,
Wohin sein müder Fuß ihn trägt,
Liegt tiefer Schnee, und seine Kraft
In hoffnungslosem Kampf erschlafft.

Er ist zum Opfer auserseh'n,
Hin ist die Kraft, zu widersteh'n;
Er hält, es wiegt die schwere Last
Des Tags ihn ein zur letzten Rast.

Und eine süße Ruhe schleicht
Sich über ihn, die Sorge weicht,
Von schönen Bildern, traumgewebt,
Ist er im sanften Schlaf umschwebt. —

Das arme Herz, das freudig schlug,
Als heimwärts seinen Schatz er trug,
Steht still, er ruht, jedwedem Weh
Auf immerdar entrückt, im Schnee. —

Der Rattenfänger von Hameln.

Ein bitt'res Lachen er hell anschlug,
Von zorn'gen Lippen brach ein Fluch,
Ein Blick voll Haß, voll Wuth und Gift
Aus des Spielmann's Auge die Rathsherr'n trifft.
„Ich hab' Euch von ekler Plage befreit,
Von Rattenheeren. — Was schuldig Ihr seid,
Das zahlt, den ausbedungenen Lohn,
Sonst spiel' ich aus einem anderen Ton.
Der Pfeife hier folgen nicht Ratten allein,
Sie schließt ganz ander'n Klang noch ein.
Nehmt Euch in Acht, daß Ihr nicht weckt
Die Weise, die noch drinnen steckt.
Haltet den Pact! Zahlt meinen Lohn!" —
Es ward versagt. — Er schritt davon. —

Um Hameln war's jetzt gut bestellt,
Von Ratten frei, behielt's sein Geld.
Nicht länger war der ekle Gast,
Das Rattengezücht, den Bürgern zur Last,
Nicht länger nagte mit gierigem Zahn
Das Ungeziefer die Speisen an.
Man konnte sich mit Ergötzen ergeh'n
Befreit vom Schauder nur Ratten zu seh'n;
In jedes Haus, an jeden Herd
Behagen, Freude wiederkehrt,
Bis einst ein wetterschwüler Tag
Auf Hameln's stillen Gassen lag.
Erstorben schien die Stadt, das Feld
Ward von der Männer Arm bestellt,
Indeß der Frauen fleiß'ge Hand,
Ihr Werk im stillen Hause fand.
Da schritt, durch Straßen menschenleer
Bedächt'gen Schritts der Spielmann her,
In seinen Augen düst're Gluth,
Sein Antlitz voll verhalt'ner Wut.
Die Pfeife ruht in seiner Hand
Von dürren Fingern fest umspannt.

Er hebt die Pfeife langsam, jetzt
Hat er sie an den Mund gesetzt,
Er senkt sie, er bleibt sinnend steh'n,
Setzt rasch sie an; — nun ist's gescheh'n. —
Solch' wundersame Melodie
Vernahm ein irdisch' Ohr noch nie.
Wie geisterhafter Stimmen Chor
Quillt aus der Pfeife sie hervor,
Bestrickend, schmeichelnd, süß und mild,
Dämonisch, seltsam, schrill und wild. —
Er schreitet vorwärts, seine Bahn
Tritt er durch Hameln's Gassen an
Und trägt auf unheilvollem Gang
Von Haus zu Haus den Zauberklang.
Und wo in treuer Mutter Hut
Die liebe Schaar der Kinder ruht,
Wo's Kinderauge strahlt und lacht,
Da übt der Zauber seine Macht.
Die kleinen Wesen fest umschlingt
Der süße Ton, der jetzt erklingt.
Horch! Horch! Es lauscht der Kinder Ohr,
Die Aermchen strecken sich empor,

Das Auge strahlt so glückerfüllt,
Als sei der Himmel ihm enthüllt,
Mit hast'gen Schritt'chen strebt im Nu
Der kleine Fuß dem Spielmann zu.
Vergebens mahnt der Mutter Wort,
Sie huschen Alle, Alle fort.
Und lagen Kindlein krank danieder,
Die Kräfte kamen ihnen wieder,
Daß sie der Mutter Hut entschlüpfen
Und springen, jauchzen, jubeln, hüpfen.
Süß, kosend, mahnend, bang erklingt
Der Mutter Ruf, umsonst, — es dringt
Ein Ton nur in der Kinder Ohr,
Den spielt der Rattenfänger vor.

In jede Gasse, jedes Haus
Wirft er sein Netz von Tönen aus
Und schleppt den tonumstrickten Fang,
Den Kinderschwarm, die Stadt entlang.
Zur Stadt hinaus und weiter wallt
Der Zug, ein Berg gebietet Halt.
Der Spielmann lenkt den Blick zurück,
Rings ros'ges, herz'ges Kinderglück,

Das ahnungslos und unschuldsvoll
Der Rache Opfer werden soll. —
Das düst're Antlitz zornentstellt
Ein flücht'ger, milder Strahl erhellt.
Denkt er der Eltern Weh und Ach,
Ruft es Erbarmen in ihm wach?
Soll reißen er vom Lebensbaum
Die Knospen zart, entsprossen kaum?
Er löst den Bann, die Pfeife schweigt,
Erbarmen ringt mit Haß, da zeigt
Sich Hameln seinem Blick, aufwallt
Zorn, Wuth; — die Pfeife wieder schallt.
Mit Tönen süß und schreckensvoll,
Mit Tönen wundersam und toll
Der Kinder Schaar er fest umspinnt,
Daß auch kein einz'ges ihm entrinnt,
Und tritt heran zum Berg, umkreist
Von allen Kindern, krachend reißt
Unsichtbar eine Geisterhand
Entzwei die starre Felsenwand.
Es klafft der Spalt, in ihn ergießt
Sich der lebend'ge Strom, es schließt

Der Berg sich zu, fühllos' Gestein
Schließt Hameln's arme Kinder ein. —
Gar schwer des Spielmann's Rache lag
Auf der unsel'gen Stadt, es brach
Manch' Mutterherz, und heut noch senkt
Sich Trauer in die Seele, denkt
An Hameln man, heraufbeschwört
Wird dann der Spielmann, der bethört
Die Kinder, und der Wehmuth Flor
Umhüllt den Geist, als dräng' zum Ohr
Die Weise süß und schreckensvoll,
Die Weise wundersam und toll,
Die einst am Poppenberg*) erklang,
Als Hameln's Kinder er verschlang.

---

*) Der Berg bei Hameln, wo die Kinder ver-
schwanden, heißt der Poppenberg.

Verhängniß.

Episode aus dem Erdbeben von 1887. —

Feierlich die Glocken hallen
Und Bajardos Straßen wallen
Fromm die Gläubigen entlang;
Um vor ihren Gott zu treten,
Um zu ihrem Gott zu beten,
Folgen sie der Glocken Klang.

Herrlicher Accorde Quellen
Sind erschlossen, Töne schwellen
Und ein Melodienstrom
Von erhebenden Gesängen,
Hehren, mächt'gen Orgelklängen
Braust ergreifend durch den Dom.

Den Accorden sanft verrauschend,
Dann des Priesters Worten lauschend
Sich die Menge knieend neigt,
Ganz in Anbetung versunken
Und aus Herzen andachttrunken
Das Gebet zum Himmel steigt.

Also aus dem Geist, der waltet,
Sich der Tag des Herrn gestaltet
In Bajardo; — and'rer Sinn,
Dem sie in dem nahen, schönen,
Sünd'gen Monte Carlo fröhnen,
Führt zu andern Scenen hin.

„Rien ne va plus!" — Knatternd, hüpfend
Klirrt, geschulter Hand entschlüpfend,
Jetzt die Kugel, ihrer Bahn
Folgen gier'ger Spieler Blicke,
Sie entscheidet die Geschicke,
Jetzt hält sie im Laufe an.

„Vingt-six, passe, pair, rouge!" — Es rasselt.
Gold und Silber niederprasselt.

Der Gewinne Lohn, — allein
Der Croupier zieht, ringsum spähend,
Seine gold'nen Aehren mähend,
Reiche Beute lautlos ein.

Um die grünen Tische drängen
Hunderte, am Golde hängen
Ihrer Aller Herz und Sinn,
Sind von nah, von fern erschienen,
Um zu huld'gen, um zu dienen
Ihrem Moloch, dem Gewinn.

Auf zu Gott sich die Gedanken
An des Priesters Worten ranken
In Bajardo; — nur die Gier,
Die Gewinne zu erjagen,
Läßt die Pulse schneller schlagen
Und beherrscht die Geister hier.

Dort von frommer Gluth begeistert,
Hier von schnöder Lust bemeistert,
Dort — hier — jetzt der Boden wankt,
Dort wie hier ein dumpfes Rollen,

Unterird'sche Donner grollen,
Und Bajardos Kirche schwankt.

Die geweihten, heil'gen Hallen
Sind dem Untergang verfallen,
Das Verderben bricht herein, —
Die Natur hat sich verschworen,
Alle Beter sind verloren,
Donnernd stürzt die Kirche ein.

Hunderte von Betern lagen,
In dem Gotteshaus erschlagen
Und Bajardo ward verheert; —
Ganz dem Spiele hingegeben,
Blieb selbst bei der Erde Beben
Monte Carlo unversehrt. —

Joseph Seebs.

Ein neues Lied vom braven Mann.

In eisernem Panzer mit schnaubenden Nüstern
Das Dampfroß hält, an die Stelle gebannt,
Durch seine Flanken dringt Prasseln und Knistern,
Es harrt der Koloß der befreienden Hand,
Um mit der langen Kette von Wagen
In donnerndem Laufe von dannen zu jagen.

Es wälzt sich in drängenden, wogenden Maffen
Die Menge zum harrenden Zuge heran,
Die Wagen vermögen kaum Alle zu faffen,
Das keuchende Dampfroß beginnt seine Bahn,
Die ehr'nen, gewaltigen Glieder sich regen,
Es rasseln die Räder dem Ziele entgegen.

In rasendem Laufe, auf eisernen Spuren
Geh's hin, vom Dampfroß her überschaut
Der Führer des Zugs Pennsylvaniens Fluren.
Viel Hunderte sind seiner Führung vertraut.
Er löset und bindet des Dampfes Gewalten,
Zu beflügeln den Zug, ihn gefesselt zu halten.

Schweißtriefend das Antlitz, geschwärzt von dem Rauche,
So hält vor des Feuerraums offenem Mund
Der Heizer im glüh'nden, versengenden Hauche
Und schleudert die Kohlen hinein in den Schlund.
Dort werden, erfaßt von flammenden Zungen,
Sie gierig vom brodelnden Rachen verschlungen.

Da schlagen die Flammen zurück, ihn zu fassen!
Umsonst hat des Zugführers Auge gewacht.
Ein Luftstrom drang ein in die glühenden Massen
Und peitschte, zu tosendem Sturmhauch entfacht,
Die flackernden Flammen zurück, sie erreichen
Den Heizer, den Führer — die müssen entweichen

Doch es folgen die Flammen, vom Windhauch getragen,
Sie züngeln wie feurige Schlangen heran,

Sie winden sich näher und näher den Wagen
Und stiebende Funken ziehn ihnen voran.
Es schlagen die gierigen, lodernden Flammen
Schon über der Wagenreihe zusammen.

Kein Ausweg! Niemand, der Hilfe kann bringen!
Von flackernden, prasselnden Flammen umloht,
Kann Niemand dem sichern Verderben entspringen,
Ein Sprung aus dem rasenden Zuge ist Tod.
Verzweifelte Rufe und Jammern und Stöhnen
Das Brausen des eilenden Zugs übertönen.

Von Entsetzen umtobt, von Verwirrung umgeben,
Unter Schrecken, Verzweiflung und Angst unentwegt
Steht der Held, dessen Herz nicht für's eigene Leben,
Dessen Herz in dem einen Gedanken nur schlägt,
Das verderbendroh'nde Verhängniß zu wenden,
Und — kost' es sein Leben — das will er vollenden.

Es erfaßt ihn, die rettende That zu vollbringen.
Es heischt ihn, zu folgen des Herzens Gebot.
Es ergreift ihn, durch lodernde Flammen zu dringen,
Es treibt ihn hinein in den sicheren Tod.

Er gelangt zur Maschine, er bringt sie zum Stehen —
Was Uebermenschlich war geschehen! —

Der Zug war gerettet. — Von Flammen umlodert
Lag der Führer des Zuges mit Wunden bedeckt,
Die Flammen hatten ihr Opfer gefodert,
Der sterbende Sieger, danieder gestreckt
Auf dem Felde der Ehre, hatte sein Leben
Als Preis der Rettung dahin gegeben.

O würde die That, in flüchtigen Spalten
Verkündet dem rasch entrinnenden Tag,
Zu ew'ger Bewund'rung der Nachwelt erhalten!
O wär' es dies Lied, das Solches vermag,
Daß die ewig strahlende Märtyrerkrone
Dem Helden, dem Todesmuthigen lohne!

Prinz Karl von Württemberg.

❋

Prinz Karl eilt von der Newa Strand
Von Petersburg zum Heere,
Das an der Donau Ufer stand,
Ihn trieb's zum Feld der Ehre.

Es litt ihn, da's zum Kampf ging, nicht,
Unthätig zu verweilen,
Er wollte, nach Soldatenpflicht,
Des Heeres Schicksal theilen.

Zum Marsch in's Türkenland hinein
In seiner Krieger Mitten
Wollt d'rob er an der Donau sein,
Bevor sie überschritten.

Doch eine Kunde seiner harrt,
Die in den ersten Tagen
Vom Kriegsschauplatz gemeldet ward,
Die Brücke sei geschlagen.

Die Brücke, über die vielleicht,
Indeß er ferne weilte,
Bevor die Donau er erreicht,
Das Heer zum Angriff eilte.

Nun galt's, eh' die Entscheidung fiel,
Die Strecken zu durchfliegen,
Die zwischen ihm und seinem Ziel,
Dem Donaustrande, liegen.

Er gönnt sich weder Rast noch Ruh',
Die Pflicht, die Ehre rufen,
Er eilt dem fernen Ziele zu
Auf flücht'gen Rosseshufen.

Ob Sonnengluth bei grellem Tag
Der Steppe Gras versengte,
Ob Nacht auf den Gefilden lag,
Zur Donau hin er sprengte.

Mit Sturmschwindschnelle ging's daher,
Bis auf des Stromes Fluten,
Nach vielen Tagen heiß und schwer,
Die Blicke endlich ruhten.

Doch schon war der Entscheidungsschlag
Gefallen, wen'ge Stunden
Vorher und an demselben Tag,
Da er das Ziel gefunden.

Was er ersehnt so glühend heiß,
Er durft' es nicht vollbringen,
Er durfte nicht um hohen Preis,
Um Ruhm und Ehre ringen.

Hier an dem Ziel, zu dem er drang,
Fand er ein Grab nur offen,
Das, was sein Herz ersehnt, verschlang,
Ein Grab für all' sein Hoffen.

Hier wähnt' er, thatenlustentflammt,
Würd' ihm der Lorbeer winken,
Und sah' zur Ohnmacht sich verdammt,
Sah seine Sonne sinken.

Was ihm die Erde jetzt noch bot,
Dünkt ihm nicht werth, zu leben,
Dem Gramerfüllten konnt' der Tod
Allein Erlösung geben.

Es brach sein Herz. — Treu seiner Pflicht
Hat er sein junges Leben,
Ob auch in blut'ger Feldschlacht nicht,
Für sie dahingegeben.

Potemkin.

In Cherson, fern dem Heimatland
Sein Grab ein Held aus Schwaben fand,
Ihn hatte in der Jugendkraft
Ein früher Tod hinweggerafft,
Und als der Sarg den Fürstensproß
Prinz Karl von Württemberg umschloß,
Da gab des Priesters Wort Geleit
Dem Toten in die Ewigkeit,
Und feierlicher Grabgesang
Mischt sich mit ernstem Orgelklang.
Der Fürst Potemkin auch erschien,
Er lauscht den Trauermelodie'n;
Er, den die Erde jetzt umschloß,
Er war ein Freund ihm und Genoß,

Von dem in Trauer und in Gram
Er nun auf ewig Abschied nahm.
Er gleitet mit dem dunkeln Strom
Der Leiderfüllten aus dem Dom
Und hält dann vor der Kirche Chor.
„Des Fürsten Wagen fahre vor!" —
Die Menge macht dem Wagen Raum.
Der Fürst tritt vor. — Ist es ein Traum?
Er sieht, und fürchtet sich zu sehn,
Vor sich den Leichenwagen stehn.
Der Fürst erbebt, sein Blut erstarrt,
Der düstre Wagen seiner harrt,
Als sei auf höheres Gebot
Er ausersehen für den Tod.
Es legt sich auf ihn wie ein Bann,
Dem er nicht mehr entrinnen kann.
In jeder neuen Stunde Schooß,
Wähnt bangend er sein Todeslos;
Des Todes Zerrbild grinst, von Wahn
Erzeugt, allüberall ihn an
Und, was als Wahngebild begann,
Nun Wesen und Gestalt gewann,

Es ward' sein Geist erst übermannt,
Dann brach des Körpers Widerstand,
Und das Phantom, mit dem er rang,
Den mächt'gen Fürsten niederzwang.
Bis ihn das Hirngespinnst, erweckt
Durch schnöden Zufall, niederstreckt.
Er trat im Leichenwagen dann
Die Fahrt zur letzten Ruhe an.

Der Welt Lauf.

I.

Armer Knabe mit dem schönen
Kopf, dem wohlgeformten Munde,
Mit der fahlen, bleichen Wange,
Deines frühen Siechthums Kunde.

Armer, blasser, schöner Knabe!
Deine schmerzlich ausdrucksvollen
Züge, wie ein dunkler Rahmen,
Schwarze Locken dicht umquollen.

Deine zarten Glieder ruhen
Auf dem weichen Ruhebette,
Vor Dir steht ein Maler, emsig
Mit dem Pinsel, der Palette.

Kund'ger Hand die Farben spendend
Giebt er toter Leinwand Leben,
Läßt auf ihr, zart aufgetragen,
Bald Dein schönes Köpfchen schweben.

Und als dann sein Auge prüfend
Von Dir zu dem Bilde gleitet,
Strahlt aus seinem Blick die Freude,
Die die Prüfung ihm bereitet.

Preßt Dir dann ein Stückchen Backwerk
In die kleinen, lieben Hände,
Streichelt Dir die blassen Wangen,
Und die Sitzung hat ein Ende.

Aus der Ecke, wo bisher sie
Deiner harrte, tritt jetzt schweigend
Deine Mutter an das Ruh'bett,
Sich zu Dir herniederneigend.

Küßt Dich dann mit thränenfeuchten
Blicken, schwere Seufzer ringen
Sich aus ihrem Busen, als die
Dünnen Aermchen sie umschlingen.

Von den reich gestickten Kissen
Hebt sie Dich behutsam nieder,
In die alte, woll'ne Decke
Hüllt sie Deine zarten Glieder.

Hat ein Geldstück von dem Maler
Dann für das Modell empfangen
Und ist mit der theuren Bürde
Sorgenvoll nach Haus gegangen.

————

II.

Welch' Gewühl von eleganten
Herr'n und Damen, die sich drängen
Durch die Gallerie'n, in denen
Hunderte von Bildern hängen.

Alles Werke von Bedeutung;
Bildern nur von Meisterhänden
Hat der Spruch erfahr'ner Richter
Raum vergönnt an diesen Wänden.

Landschaften und Schlachtenbilder,
Götter, Seestücke, Madonnen,
Kaiser Wilhelm, Bismarck, Moltke,
Eis und Schnee und trop'sche Sonnen.

Doch zu einem von den Bildern
Ausgestellt in diesen Hallen
Sieht die Laien man und Künstler
Stets in dichten Schaaren wallen:

Lächelnd liegt ein schöner, bleicher
Knabe auf dem Ruhebette,
Das, die fahle Wange kündet's,
Seine letzte Ruhestätte.

Und die Menge hemmt den lauten
Austausch ihrer Kunstkritiken,
Schweigt vor diesem Bild in Andacht,
Oft mit thränenfeuchten Blicken.

Von dem schmerzvoll-schönen Bilde
Tiefe Wehmuth niederstrahlte,
Die, der Menge Herz ergreifend,
Sich auf jedem Antlitz malte.

Von des Künstlers hohem Lobe
Alle Blätter überfließen,
Und als Schöpfer eines Kunstwerks
Ersten Rangs wird er gepriesen.

Hohe Summen sind dem Maler
Für sein Bild geboten worden,
Man geruhte Allerhöchst, ihm
Zu verleihen einen Orden.

Und der arme, blasse Knabe,
Dessen Schönheit, dessen Schmerzen,
Dargestellt auf toter Leinwand,
Ueberwältigt alle Herzen!

Spendet aus des Glückes Füllhorn
Das Geschick ihm gleiche Gaben? —
Weinend sitzt die arme Mutter
An dem Sarge ihres Knaben.

„Ik kunn di jo nich helpen."
Ein Lebensbild.

✠

„Ik kunn Di jo nich helpen," aus Menschenbrust nie drang
Ein Ruf, den herb'rer Jammer, den bitt'rer Weh
　　　　　　　durchklang,
Als der, mit dem ein Vater gar schwerem Schicksalsschlag
Nach zwanzigjähr'ger Trauer im Tode einst erlag. —
Mit seinem Boote schickte der schwergeprüfte Mann
Vor Jahren auf der Elbe zu einer Fahrt sich an
Und mit ihm fuhr sein Schiffsknecht, es war dies
　　　　　　　der Bestand
Mit dem zu ihren Fahrten die Jolle*) war bemannt,
Doch heute hatt' als Dritter, den Beiden zugesellt,
Des Schiffsmanns blondes Söhnchen an Bord sich
　　　　　　　eingestellt,

---

*) „Jolle", ein kleines Fahrzeug mit 1 oder 2 Masten, flach-
gehend, an den Mündungen von Flüssen in die See vielfach verwandt.

Zu seines Vaters Freude, mit Sorge zwar gepaart,
Denn viele Zeichen deuten auf eine schlechte Fahrt.
Widrigem Wind entgegen in dem hochgehn'den Fluß
Der Schiffsmann stets lavirend den Curs einhalten muß,
Und, da dies schwere Arbeit, weist er, bis sie gethan,
Dem Knaben die Kajüte zum Aufenthalte an.
Doch war der Raum, der enge, nicht nach des Knaben
                                  Sinn,
Drum tröstet ihn der Vater und weist ihn darauf hin,
Daß einmal nur das Segel noch umzulegen sei,
Dann sei die schwerste Arbeit auf dieser Fahrt vorbei.
Er könne alsdann landen mit seinem kleinen Sohn. —
Drauf küßte er den Knaben, und rasch schritt er davon
Auf Deck: dem Schiffsknecht ging er kräftig alsbald
                                  zur Hand,
Der in dem Sturme mühsam das schwere Segel wand.
Da, wie ein grimmer Kämpe ausholt zu wucht'gem Stoß,
Bricht jetzt der Sturm zu wildem, unbän'gem Anprall los,
Des Schiffes Flanke treffend, daß es sich seitwärts legt,
Hat er die beiden Männer jäh über Bord gefegt.
Im Kampfe mit den Wellen erreichen sie mit Noth
Das kleine, auf den Fahrten stets angehängte Boot;

Der Vater, von Besorgniß um seinen Sohn erfaßt,
Er eilet zu der Jolle mit fieberhafter Hast.
Tief auf der Seite liegend, hielt sie nicht länger Stand,
Hochgehnde Wellen schlugen über des Schiffes Rand,
Im Schiffsraum, überflutet, mußte der Vater sehn
Den Eingang zur Kajüte, tief unter Wasser stehn.
Dort war sein Kind, verloren; — verloren! Was er litt,
Was vor's entsetzte Auge, was in die Seele glitt.
Das kann kein Wort umfassen, in einen Blick gedrängt,
War Elend, Schmerz und Kummer jäh über ihn verhängt.
Zu der Kajüte Schiffswand lenkt er entsetzt den Kahn,
Unter der kleinen Luke des Fensters legt er an.
Er sieht den armen Knaben in schwerer Todesnot
An's Fensterchen sich klammern, das keinen Ausweg bot.
Die Luke war zu enge, zwar konnt' des Vaters Hand
Des Kindes Wange streicheln, doch war sie nicht im
                                        Stand,
Zu helfen, unaufhaltsam vollzog sich das Geschick
Des armen, armen Knaben vor seines Vaters Blick.
Und tiefer, immer tiefer das Schiff zur Seite neigt
Und im Kajütenraume das Wasser steigt und steigt.
Vergebens zerrt und rüttelt und reißt des Vaters Hand,

Vergebens trifft sein Fauftschlag des Schiffes feste Wand,
Es hält der Tod sein Kleinod, sein einz'ges Kind,
　　　　　　　　　　sein Glück
In festen Banden graufam, erbarmungslos zurück.
Es war mehr, als zu tragen ein Vaterherz vermag,
Es war die Unglücksbürde zu schwer, und er erlag,
Von übermächt'gem Schlage zerschellte seine Hand,
Er sinkt im Kahne nieder vom Schicksal übermannt. —
Nie seit dem Unglückstage sein Fuß ein Schiff betrat
Schwermuth warf düft're Schatten auf seinen Lebenspfad
Nie löfte sich in Thränen sein Leid, so tief, so schwer,
Sein Herz blieb voller Kummer, sein Aug' blieb
　　　　　　　　　　thränenleer.
Es war sein Geift umnachtet, ein einzig Bild nur ftand
Vor seiner wunden Seele, das niemals, niemals schwand,
Das zwanzig lange Jahre er immer mit sich trug,
Bis endlich ihm, erlösend, die Todesftunde schlug.
Und selbft des Todes Schatten verdrängten nicht das Bild,
Er sprach im letzten Hauche, der seiner Bruft entquillt:
„Ik kann di jo nich helpen," des Herzens letzter Schlag
Er galt noch seinem Kinde, als schon sein Auge brach.

~~~~~~

Die Schlange und das Kind.
Nach Sir Edwin Arnold.

❦

„Es sollen die lieben, die kleinen, die herzigen Kindelein
In Sünde, so sagt Ihr, empfangen, geboren in Missethat
                                        sein,
Und wird Euch, würd'ger Herr Bischof, aus den
                            strahlenden Augen, so klar,
Aus dem Lallen der rosigen Mündchen kein anderer
                            Sinn offenbar?

Ich glaub' an den Zauber der Kindheit, er ward einst
                            in Indien mir kund,
Im Frühling, in meinem Garten, in frühester Morgen-
                            stund';
Der Sterne Glanz war erloschen, zu ihrem Strahlenlauf
Stieg, gold'ne Gluthen spendend, die ind'sche Sonne auf.

Es hielt, den Boden stampfend, mein feuriges Pferd
vor dem Thor,
Begehrend anzusprengen, das Krächzen der Kräh'n
traf mein Ohr
Und das Zwitschern gefiederter Sänger, in Bäumen
und Büschen versteckt,
Die munteren Eichhörnchen spielten, vom Hämmern
des Grünspechts erweckt.

Den Fuß zum Bügel erhebend, erfaßt' ich die Zügel. —
Was sah
Meine Auge? Gopal, mein Reitknecht, stand stieren
Blickes da.
„Die Schlange, Herr, die Schlange" stößt schreckerfüllt
er aus.
Mein Aug' folgt seinem Blicke, da faßt mich Angst
und Graus.

Dort auf dem Pfad zum Brunnen auf sonn'beschienenem
Fleck
Saß Gopals braunes Knäblein, zart, splitternackt und
keck,

Eine Schale im rechten Händchen, das linke hielt kosend
umspannt
Eine große schwarze Cobra,*) die aus einer Spalte
sich wand.

Wir wagten kaum zu athmen.   Vor unsern Augen hob
Sich die Schlange vom Kopf bis zum Schwanze, der
gift'ge Bauch sich schob
Entlang der zarten Schenkel, hinauf zur kleinen Brust,
Umfaßt von lieben Händchen, ihn kosend unbewußt.

Der Kleine jauchzt, die Schlange sich unter dem Aermchen
durchzwängt,
Er freut sich des Spielgenossen, deß' entsetzlicher Leib
ihn umfängt,
Er streichelt die Cobra zärtlich mit dem einen Händchen
so weich,
Das and're hält hoch die Schale mit Milch aus ihrem
Bereich.

---

*) Cobra de Capello, Brillenschlange, eine Giftnatter, deren
Biß unbedingt tödlich ist. —

Allein, ohn' Schutz und hilflos lallt freudig der Kleine
und sieht
Die Kreise, die die Schlange um seine Gliedchen zieht,
Die nicht nach Milch nur lüstern, nein, die sich dreht
und biegt,
Daß sie die zarten Glieder des Kindchens ganz um-
schmiegt.

Bis zu des Knaben Antlitz der Kopf der Cobra steigt,
Die jetzt, mit ihm zu trinken, sich in die Schale
neigt,
Drob stößt sie weg der Kleine, zu theilen nicht
gewillt,
Da klafft der rote Rachen, der Hals zornwüthig schwillt.

„O Herr, schlagt zu, schlagt zu, Herr!" Gopal zur
Seite mir fleht,
Auf giftgeblähtem Halse der Kopf sich windet und dreht,
Der züngelnde, zornige Rachen des Kindes Schläfe
umzuckt
Und dann schließt er sich wieder, die Schlange niederduckt

Die mörd'rische, schreckliche Cobra, sie bettet zu zarter Ruh'
Sich auf die gekreuzten Bein'chen, der Kleine trinkt
wacker zu.
Läßt sich sein Frühstück munden, und was dann übrig
war,
Das bietet er in der Schale dem Spielgenossen dar.

Gopal wollt' vorwärts springen, dreimal, doch hielt
zum Glück.
Sonst war sein Kind verloren, ich dreimal ihn zurück.
„Laßt ihn gewähren, den Kleinen, Gopal," so mahnt
ich leis,
„Er ist weiser in Unschuld, als wir sind, da sein Herz
von Haß noch nichts weiß."

Es löste Ringel auf Ringel die Cobra das gleißende
Band
Und gleitet behutsam und harmlos weg unter des
Knabe Hand,
Der dem scheidenden Spielgenossen in Kindersprache
zulallt:
„Adieu, liebe Schlange, für heute! Zum Spielen zurück
komme bald."

Ich bestieg mein Pferd jetzt und dachte, die Zeit des
                    Messias ist da,
Da „Basilisk und Säugling"*) in Liebe vereint ich sah
Und daß wir fluchbeladen in uns von Kindheit an
Den Keim zum Bösen tragen, — ich glaube nicht
                    daran."

*) Prophet Jesaias 11, 8.

Barbara Frietchie.

Nach J. G. Whittier.

❦

Mitten in wogendem Aehrenfeld,
Von der Septembersonne erhellt,
Liegt die Stadt Frederick, weithin umspannt
Von den Bergen von Maryland.
Bäume von Aepfeln und Pfirsichen schwer
Sah' der Rebellen darbendes Heer
Ringsum, ein irdisches Paradies,
Das ihm ersehnte Labe verhieß.
Ueber die Berge der Strom sich ergoß,
Conföderirte zu Fuß und zu Roß,
Und in der Morgensonne Schein
Zogen sie in die Stadt Frederick ein. —

Vierzig Fahnen bezeichnen die Bahn,
Wehen zum Kampf' mit dem Norden voran,
Vierzig Fahnen, vom Windhauch entrollt,
Flattern, umstrahlt von der Sonne Gold. —
Barbara Frietchie, der siebenzig Jahr'
Furchten die Wange, bleichten das Haar,
Treu der Union mit Herz und mit Hand,
Pflanzt's Sternenbanner an Fenstersrand.
Hoch und stolz die Unionsflagge wallt,
Durch die Straße Rebellentritt hallt,
Und des Südens bewährtester Mann,
Stonewall Jackson, reitet voran.
Unter dem Schlapphut sein Blick rings späht,
Trotzig die Fahne dort oben weht,
Durch die Colonnen tönt donnerndes „Halt!" —
„Feuer!" — Die flammende Salve knallt.
Rasselnd das Fenster in Stücke ging,
An der zerschossenen Stange hing
Flatternd das Banner, zerrissen, zerfetzt,
Barbara Frietchie erfaßte es jetzt.
Lehnend weit über den Fensterrand
Schwingt sie das Fahnentuch in der Hand,

„Spart Eurer Flagge solche Schmach,
Mich trefft an ihrer Statt," sie sprach. —
Wehmut war's, gepaart mit Scham,
Die den Führer überkam,
Durch die kühne That entfacht,
War sein beff'res Selbst erwacht.
„Wer das graue Haupt verletzt
Ist des Todes. — Marsch!" tönt's jetzt,
Tausendfältiger Schritte Klang
Dröhnte Frederick's Straßen entlang. —
Kosend und fächelnd und wiegend spielt lind
Um die verwundete Fahne der Wind
Und die Rebellen mußten sie seh'n
Hoch zu Häupten im Windhauche weh'n,
Mit ihrem warmen, goldenen Schein
Hüllte die sinkende Sonne sie ein. —
Barbara Frietchies Werk ist vollbracht,
Nicht mehr droht der Rebellen Macht.
Ehre sei ihr! Laßt mit ihr im Verein
Stonewall Jackson gepriesen sein!
Barbara Frietchies Grabeszier
Sei ihr geliebtes Unionspanier!

Für und für soll's in Frederick weh'n,
Sollen die ewigen Sterne es seh'n,
Niederstrahlend vom Himmelszelt
Auf sein sternenbesätes *) Feld!

*) Die Flagge der nordamerikanischen Union führt
auf weißem Felde „Sterne" und Streifen.

Vermischte Gedichte.

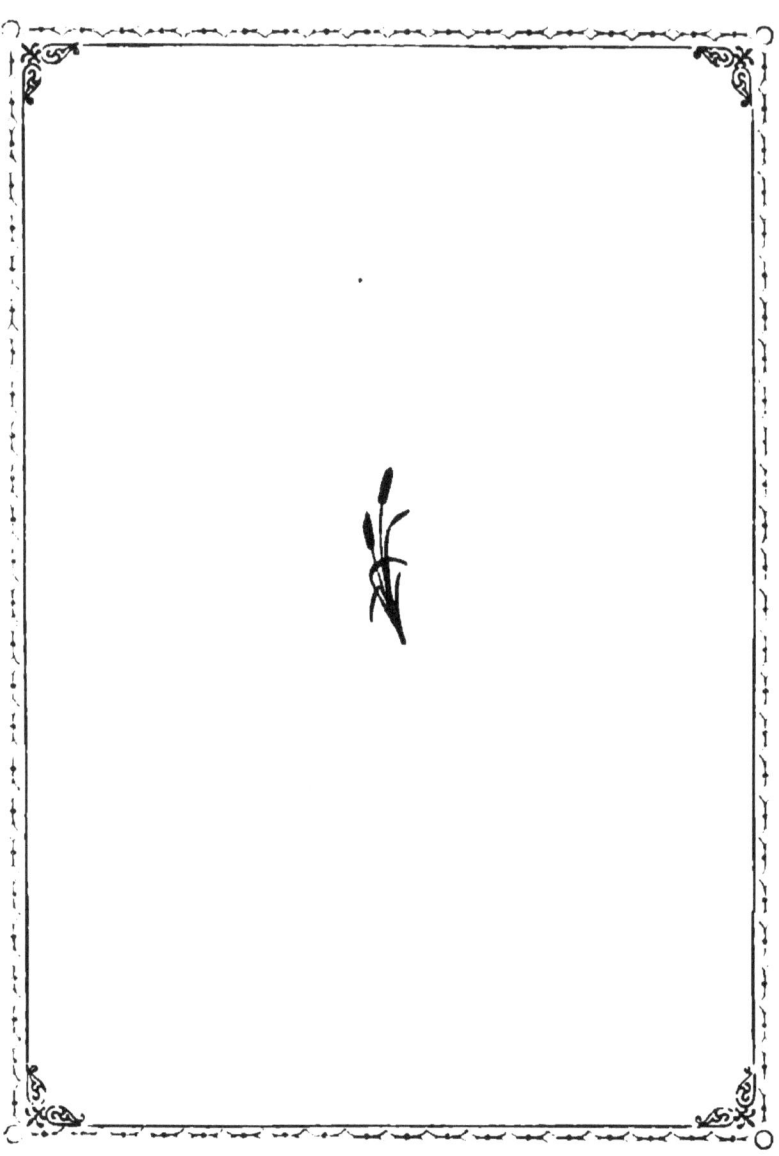

Das große Los.

❀

Dem fiel das Glück in ſeinen Schoß,
Denkt — er gewann das große Los!
Ich ſpiele doch auch in der Lotterie,
Doch mich trifft ſolch ein Glückswurf nie.
Ach! Käme meine Nummer heraus,
Dann baut' ich mir gleich ein ſtattliches Haus,
Hielt Pferde und Wagen, — man ſollte ſehn,
Daß ich mit Geld weiß umzugehn. —
Das ſchönſte, theuerſte, beſte Kleid
Kauft' ich meiner Frau. — Herr Gott, der Neid
Der Nachbaren, wenn ſie uns ausfahren ſehn,
Mit Kutſcher und Diener in bunten Livréen.
Auch and're Geſellſchaft ſucht' ich mir ſchon,
Nur Leute von Rang und Poſition,

Denn das ging' doch nicht, daß als reicher Mann
Ich mit unſer Einem verkehren kann.
Zwar ging es mir nah, das muß ich geſtehn,
Von alten Freunden weg zu gehn;
Wir waren immer in unſ'rem Kreis
So heiter und luſtig, und wer weiß,
Ob ich in meinem neuen Stand
Trotz Kutſcher und Pferden und Putz und Tand
Auch immer ſo munter und glücklich wär',
Und, denk ich d'rüber hin und her,
Gar ſchlimm iſt's nicht mit mir beſtellt,
Wenn mich unſer Herrgott geſund erhält,
So bringe ich mich und die Meinen voran
Durch Arbeit und als rechtſchaffner Mann.
Ich fürchte beinah, ich ſehnt' mich zurück
Aus dem neuen Stand, denn das größte Glück:
„Im geſunden Körper ein heitrer Sinn
Und Luſt zur Arbeit," damit bin
Ich geſegnet, auf Andre neidiſch zu ſein
Fällt mir in Zukunft nicht mehr ein,
Denn das große Loos, das mir ward zu Teil,
Aus dem blüht Segen, Glück und Heil,

Das andre bringt in feinem Geleit
Oft Hochmut, Dünkel und Eitelkeit
Und Launen und Wünfche, es frägt fich fehr,
Ob ich der Verfuchung gewachfen wär',
Denn folche Pläne, wie ich fie gemacht, —
Pfui Schande! — Das hätt' ich nicht gedacht,
Für fo fchwach und kleinlich hielt ich mich nie, —
Ich fpiele nicht mehr in der Lotterie.

Kindheit.

Wenn Dir das Herz von Gram erfüllt,
Des Trübsinns Flor den Geist umhüllt
Und von des Unmuts Hauch gebannt,
Aus Deiner Brust die Freude schwand,
Weil Täuschung Dir auf jedem Schritt
Mit feckem Fuß entgegentritt. —

Wer übt den Zauber, der den Bann,
Der auf Dir lastet, lösen kann?
Wer scheucht des Trübsinns düstern Flor,
Eröffnet Dir der Freude Chor
Und giebt Zufriedenheit und Glück
Der freudeleeren Brust zurück?

In jenem hellen, trauten Schein
Aus Kinderaugen, treu und rein,
Im Jubel, der in heller Luft
Hervorquillt aus der frohen Brust,
In süßer, lieber Kinder-Art
Die Zauberkraft sich offenbart.

Im Strahl des Auges sich enthüllt
Die Reinheit, die das Herz erfüllt
Und unverwischt vom Weltgetrieb
Der Abglanz holder Einfalt blieb,
Der sich auf liebem Antlitz malt
Und es wie Glorienschein umstrahlt.

Doch, wie des Falters Glanz verblaßt,
Wenn eine rauhe Hand ihn faßt,
So schwindet, von dem klugen Brauch
Der Welt berührt, der Unschuld Hauch,
Es ziehen in das Herz so rein
Des Lebens Widersprüche ein.

Dann, Mutter, sei auf Deiner Hut,
Daß nicht der Kindheit höchstes Gut,
Die Herzensreinheit, untergeht,
Daß siegreich sie den Kampf besteht
Und mit erwachendem Verstand
Sich eint zu glücklichem Verband.

Wem im verworr'nen Weltgetrieb
Die Kindlichkeit erhalten blieb
Und, wenn auch längst ergraut sein Haupt,
Die Herzensreinheit nicht geraubt,
Die sich in ihm vereint zum Bund
Mit Weisheit, — dem ward Gnade kund! —

Der Weihnachtsbaum.

Der Frühling naht mit lindem Hauch,
Die Erde zu beglücken.
Mit Blüthenknospen Baum und Strauch
Und Wiesen rings zu schmücken,
Es trägt ein Festkleid die Natur,
Und alle Bäume prangen
In bunter Zierde, leer ist nur
Ein einz'ger ausgegangen.

Und auch der Vögel froher Sang
Tönt nicht in seinen Zweigen,
Ringsum des Frühlings Jubelklang,
Bei ihm allein herrscht Schweigen,
Und als des Sommers heißer Strahl
Sich auf die Erde senkte,
Von seinen Blüten ohne Zahl
Dem Baum er keine schenkte.

Wenn sich im Herbst von Früchten schwer
Der Bäume Aeste neigen,
Dann steht er wieder, wie bisher,
Mit schlichten, leeren Zweigen;
Er, dem allein nichts ward bescheert,
Nicht Früchte, Blumen, Blüten,
Der stand jedoch auch unversehrt
In Wintersturmes Wüten.

Verwelkte Blätter, gelb und fahl,
Die Erde bald bedeckten,
Die Bäume standen nackt und kahl,
Die dürren Zweige streckten
Sie traurig aus; nur einer nicht,
Der, als von Eis es starrte,
Im Nadelkleide grün und schlicht
Im Winter selbst verharrte.

Als Wald und Fluren eingeschneit,
Begann er Frucht zu tragen,
In jener sel'gen, trauten Zeit,
Da froh die Herzen schlagen,

Da prangte er an Früchten reich
Und ſpendete Entzücken,
Da konnt' von ſeinem grünen Zweig
Man Weihnachtsgaben pflücken.

Aus ſeinen grünen Zweigen dringt
Der helle Schein der Kerzen,
Und lauter Jubelruf erklingt,
Und Freude ſchwellt die Herzen;
Ein jedes kleine Aermchen ſtreckt
In kindlichem Verlangen
Sich nach den Zweigen, reich bedeckt,
Und roſig glüh'n die Wangen.

Der helle Strahl in unſ'rer Bruſt
Die fromme Glut entzündet,
Daß unſer Herz die eig'ne Luſt
Im Glücke And'rer findet,
Die Erde wird der Liebe Reich
Und Friede, Wohlgefallen,
Herrſcht unter Deinem grünen Zweig,
Du ſchönſter Baum von Allen!

Verwaist.

*

Die Mutter starb, ihr Platz ist leer,
Der Kinder Herz ist trüb und schwer,
Sie lassen traurig, bleich und fahl
Sich schweigend nieder zum Mittagsmahl.

Der Vater faltet die Hände, um Dank
Dem Herrn zu sagen für Speis und Trank,
Mit Thränen im Blicke, das Haupt geneigt
Spricht er „Herr Gott" — und seufzt und schweigt.

Die Stimme versagt dem Armen, er weint,
Die Kinder schluchzen, schmerzvereint,
Von Seufzern und Thränen ein Tischgebet,
So schmerzlich stumm, so schmerzlich beredt.

Spende.

Ein armes, blasses Kindchen seht,
Zu scheu, zu schüchtern, daß es fleht
Und dessen hohle Wange klagt:
„Seht! Ich bin arm, mir ist versagt,
Was euch gewährt" — wenn ihr bewegt
Ein Scherflein in sein Händchen legt,
Und dann das Antlitz, dem der Gram,
Die Armut seine Frische nahm,
Wie bleicher Schnee im Morgenrot
In seltner Glut der Freude loht, —
Ob je wohl eines Dichters Sang
Wie solche stumme Sprache klang!

Treu biß zum Tod.

❋

Es lag auf blutigem Siegesfeld
Zu Tod verwundet ein junger Held,
Gar heiß brennt die Wunde, doch herberer Schmerz
Zerreißt sein treues Soldatenherz,
Wenn er in ein letztes Erinnern verſenkt.
Der fernen Heimat, der Mutter gedenkt.

Sein ſterbendes Auge ein Blümlein erblickt.
Wie es die Fluren der Heimat auch ſchmückt
Und wie es die Mutter zum Strauße oft wand,
Da ſchimmert sein Auge, es ſtreckt sich die Hand,
Die ſterbende Lippe „Lieb' Mütterlein" ſpricht,
Die Hand hält erſtarrt ein Vergißmeinnicht.

Ergebung.

Zum Friedhof wankt von Gram gebeugt
Ein altes Mütterlein
Und hält mit Blicken thränenfeucht,
Vor einem Leichenſtein.
Die Arme weint, als ihre Hand
Das Grab des Sohnes ſchmückt,
Als auf die Blumen, die ſie band,
Sie ihre Lippen drückt.
Gar hart kommt es die Mutter an,
Die Lippe betend ſpricht:
„Was Gott thut, das iſt wohlgethan,“
Derweil das Herz ihr bricht.

Am Strande.

*

I.

Lustig tändelnd,
Tanzen die Wellen
Plätschernd zum Strande. —
Strahlend und glitzernd
Im Glanze der Sonne,
Werfen auf's Ufer sie
Kosend sich hin,
Und sie zerfließen
In der Umarmung.

II.

Dunkel und sternlos
Wölbt sich der Himmel
Ueber dem Meer. —
Murmelnd geheimnißvoll
Schleudert an's Ufer
Welle auf Welle
Ohne Erbarmen
Das dunkele Meer,
Wo sie zerschellen
Auf felsigem Strande
Klagevoll rauschend.

Liebesgruß.
In memoriam.

✦

Aufwärts zu euch, ihr lieben Sterne,
Dem Himmel zu mein Blick sich lenkt,
Die in der Heimat weiter Ferne
Den sanften Strahl ihr niedersenkt.

Dort, in den heimatlichen Thalen,
Dort hüllt mit eurem Silberschein,
Mit euren sanften, milden Strahlen
Ein stilles, theures Grabmal ein.

Und gebet an der heil'gen Stelle
Den trüben, thränenfeuchten Blick,
Der auf euch ruht, in lichter Helle
Verklärt als Liebesgruß zurück.

Leichtgeschürztes.

Die alte Geschichte.

Ging Einer nach Straßburg, das Münster zu seh'n,
Vor dem Portale blieb er steh'n
Und schaute empor zum gewaltigen Bau,
Der rot sich abhub vom Himmelsblau. —
Grad' wollt' er hinein, da traf sein Blick
Ein hübsches Mädchen, er trat zurück, —.
Er dachte: „Betracht ich die Sache bei Licht,
Das Münster bleibt steh'n, doch das Mädchen nicht." —
Wie gedacht, so gethan, und da ist's denn gescheh'n,
Daß er sehr wenig vom Münster geseh'n.

Im Walde.

❋

Nach einem Marsche meilenweit,
Kein Baum, kein Schatten weit und breit.
In glühend heißer Mittagssonne
Kam ich zum kühlen Wald — o Wonne!
Ich warf auf's weiche Moos mich nieder,
Welch' Labsal für die müden Glieder,
Mein Leib genießt der süßen Ruh'
Zum Schlummer schließt das Aug' sich zu

Da! Horch! Durch Waldesstille zieht
Ein süßer Klang. Welch' schönes Lied!
Um zu erforschen, wer gesungen,
Bin ich vom Lager aufgesprungen,
Und bald schritt ich als der Begleiter
Der schönen Säng'rin rüstig weiter.
Daß mich der Marsch so müd' gemacht,
Ja, daran hab' ich nicht gedacht.

Wort und That.

"Hab' auf Deinen Lebenswegen
Gott vor Augen stets, mein Sohn,
Dann wird Freude, Glück und Segen
Dir als wohlververdienter Lohn.

Von dem Pfad' der Tugend weiche
Niemals ab und sprich stets wahr!
Siehst du arme Menschen, reiche
Ihnen eine Gabe dar.

Dann erschließt sich einst die Pforte
Ew'gen Heils Dir," — so zum Sohn
Sprach der Vater fromme Worte
Ernst in salbungsvollem Ton. —

Dem Gebieter eine Karte
Jetzt der Diener übergiebt,
Ob den Herrn, der draußen warte,
Zu empfangen ihm beliebt.

„Einer jener Abgesandten,“
Ruft der Vater unwirsch aus,
„Sammelt für die Abgebrannten,
Sag' ihm, ich sei nicht zu Haus.“

Sturm.

Der Sturmwind wühlt die Wogen auf,
Reißt sie in tausend Fetzen,
Peitscht sie an's Land, daß tollen Sprungs
Sie über's Ufer setzen. —

In hohen Bogen wirft der Gischt
Sich auf die Promenade,
Es flieht die dichtgedrängte Schaar
Vor unfreiwill'gem Bade.

Doch lächelt uns des Himmels Gunst
Nicht nur im Sonnenblicke,
Nein! Auch im Sturmeswehn vollziehn
Sich freundliche Geschicke:

Auf eine Schöne trat ich zu,
Sie rang sich mühsam weiter,
Bot meinen Arm als Stütze an,
Sie nahm mich zum Begleiter.

Und als ihr Arm — hab' Dank, o Sturm! —
In meinen sich geschlungen,
Da ist das Heulen des Orkans
Mir wie Musik erklungen.

Unheilvoll tobte der Orkan,
Es kam manch' Schiff zu Schanden,
Die stärksten Bäume haben nicht
Dem Sturme widerstanden.

Verderben bracht' er auf der See,
Verheerung auf dem Lande,
Doch legte um zwei Herzen er
Gar zarte Liebesbande.

Und auch bei schönem Wetter hat
Es später sich ereignet
Daß, — halt! Ich glaub' der Titel „Sturm"
Ist hierfür nicht geeignet.

Ueberfall.

✱

Es schwebt in den Lüften ein Habichtpaar,
Die Krallen sind scharf, das Auge klar;
In großen Bogen kreisend ziehn
Die gefiederten, spähenden Räuber hin,
Da, plötzlich, als zucke ein Wetterstrahl,
Schießt der eine der Vögel hinunter in's Thal;
In ein armes Täubchen in sorglosem Flug
Der Habicht die scharfe Kralle schlug. —
Weshalb Du armes Täubchen, sag',
Flogst Du nicht in den Taubenschlag?
Es zeigte sich offen und groß und klar
Dir hoch am Himmel das Räuberpaar,
Bei den Menschen ist's anders, und leicht man irrt,
Weil der Habicht oft wie ein Täubchen girrt.

Englisch.

❦

Weß' sich der Nachbar wohl vermaß,
Der neben ihr bei Tische saß?
Soeben hat sie noch so traut,
So liebevoll ihn angeschaut;
Noch eben lauscht ihr Ohr entzückt
Auf seine Rede; hochbeglückt
Macht ihn des schönen Auges Strahl,
Ihr Lächeln, da, — mit einem Mal
Ihr Auge finstre Blicke sprüht,
Die Wange dunkelroth erglüht,
Dem Nachbar gilt es, ihn verdammt
Der Blick, die Wange zornentflammt. —
Was that er wohl? — Hat er's gewagt
Und etwas Schlimmes ihr gesagt?

Sprach unbedacht Germaniens Sohn
Etwa der guten Sitte Hohn?
Hat ihn der böse Geist verführt,
Daß er vergaß, was sich gebührt?
Weshalb entzog ihm ihre Huld
Die Schöne? — Schwer ist seine Schuld,
Der Frevel groß, den er beging,
Denkt nur, weß' er sich unterfing,
Denkt nur, wie sehr er sich vergaß:
„Der Arme mit dem Messer aß." —

Rotten Row, Hyde Park, London.

I.

Eine Lustbarkeiten-Hochflut
Wälzt alljährlich ihre Wogen
Ueber Englands Metropole,
Wenn der Sommer eingezogen.

Und die „oberen Zehntausend", —
Welchen Namen Jene tragen,
Die die Lustbarkeit genießen,
Wenn die Uebrigen entsagen, —

Diese „oberen Zehntausend"
Lassen über sich ergehen
Das Gewog von Festlichkeiten,
Von Banketten, Soiréen,

Von Regatten, Opern, Bällen,
Ausstellungen, Pferderennen,
„Kunstgenüssen" — ach, gar Vieles
Pflegt man höflich so zu nennen.

Doch es blieb' das mannigfalt'ge
Wechselnde Programm ein Corso,
Schlöß' sich nicht an jedem Tage
An in Rotten Row ein Corso.

Tag für Tag, das heißt, wenn Pluvius
Seines nassen Amts nicht waltet,
Sich das Leben und das Treiben
Reizend im Hyde Park gestaltet.

Lange Equipagen-Reihen,
Broughams, Landaus, Gigs, bemalet
Grün und gelb und blau, der Firniß
In dem Glanz der Sonne strahlet.

Hunderte von edlen Rossen,
Füchsen, Braunen, Rappen, Falben!
Tausende von schönen Damen,
Augenweide allenthalben!

In den Wagen defiliren,
Die man als die „besten" Klassen
Zu bezeichnen pflegt, man kann sie
Nur als „reichste" gelten lassen,

Die „der Götter Gunst erfahren",
Sei's als ird'scher Güter Erben,
Sei es im beglückten Ringen
Um dieselben, im Erwerben.

All' in langen Wagenreihen,
All' in prächtigen Karossen,
Denn nur solche sind gestattet,
Droschken strengstens ausgeschlossen.

Und die Pferde! Diese Gangart,
Wie sie sich im Schritte tragen
Leicht, elastisch und dann wuchtig,
Scharfen Trabs vorüber jagen.

Und in meinem Herzen pocht es,
Und ich fühl' es stärker schlagen. —
Herz mein Herz, warum so stürmisch?
Sind's die Rosse, sind's die Wagen?

Edel sind die Vollblutpferde,
Meisterwerke sind die Wagen,
Doch für Beide kann mein Herz sich
Nicht erwärmen und nicht schlagen.

Doch die in den Wagen ruhen,
Diese Mädchen, diese Frauen!
Hätt' ich tausend Augen, alle
Hätten hier genug zu schauen.

Albions Töchter ziehn vorüber,
Groß und schlank und blond, die Fülle
Ihrer Form umweht von bunter,
Duft'ger, eleganter Hülle.

Zart und schön und voller Anmut,
Doch sie werden auch nicht zagen,
Mit der Meute, hoch zu Pferde,
Ueber Stock und Stein zu jagen.

Aus den Augenbatterieen
Zuckt es. — Kokettirend blitzen
Wohlgezielte, scharfe Salven
Rechts und links, — die Schüsse sitzen.

Auch der Prinz von Wales ist heute
Höchstselbst in dem Park gewesen,
Ind'sche Rajahs auch, ich habe
In der Zeitung es gelesen,

Und noch sonst'ge große Männer.
Wunderbar! Ich muß gestehen,
Ich hab' an dem Tag nur Damen,
Aber keine Herr'n gesehen.

II.

Der Himmel strahlt im tiefsten Blau,
Die Sonne scheint so munter,
Als schien' sie auf Capri oder Sorrent
Und nicht auf London herunter.

Der Rasen ist bunt und mit Blumen besät,
An denen das Auge sich weidet,
Die jungen Damen sind duftig und bunt,
Wie die anderen Blumen gekleidet.

Und Tausende ziehen zum Hyde Park hin,
Es wälzen sich Menschenwogen
Durch Oxford Street, Piccadilly entlang,
Sie kommen in Scharen gezogen.

Der Club der Vierspänner giebt heut
Ein Stelldichein den Seinen,
Die Rosselenker von blauem Blut
Im Parke heut erscheinen.

Hoch über der endlosen Wagen Schar
Die bunten Kutschen ragen,
Die durch's Gewühl von Rotten Row
Die Clubmitglieder tragen.

Herzoge, Barone und Grafen und Lords,
Gesandte selbst und Minister,
Die „geahneten Wesen" sie zeigen sich hier
Dem britischen Philister.

Sie thronen hoch auf dem Kutscherbock,
Auf den bunten Wagenkolossen
Und lenken mit sicherer Hand das Gespann
Von je vier feurigen Rossen.

Sie stellen sich auf am Sammelplatz
Umringt von bewundernden Schaaren,
„Sind Alle zur Stelle?" — „Jawohl." — „All right,
Dann vorwärts, losgefahren!"

Es treten die feurigen Pferde an
In festgezügeltem Schritte
Durch die bunten Wagen- und Reiter-Reihn,
Durch der gaffenden Massen Mitte.

„Wer ist der blonde Herr? Er lenkt
Vier tadellose Pferde." —
„Es tränkte seines Vaters Blut
Bei Inkjerman*) die Erde." —

„Und auf der nächsten Kutsche da
Der Flor von schönen Damen?" —
„Der Almanach von Gotha nennt
Dir ihre stolzen Namen." —

---

*) Inkjerman, Sieg der Engländer und Franzosen über die
Russen am 5. November 1854.

„Und wem gehören diese da
Die makellosen Rappen?" —
„Es führet eine Herzogskron'
Die Kutsche in dem Wappen." —

„Welch' eine Pracht! Die Braunen dort,
Das nenn' ich edle Pferde,
Man züchtet Thiere solchen Schlags
Doch nur auf Englands Erde." —

„Die Braunen sind von Derneburg,
Das liegt in deutschen Gauen
Und auf dem Kutscherbocke kann
Man auch den Züchter schauen.

Ein Züchter edler Pferde und
Ein Freund des Sports, ein steter
Und auch bei'm Hofe von St. James
Des Deutschen Reichs Vertreter." —

„Und dort kutschirt auch Einer von
Den neugeback'nen Rittern." —
„Man kann den Parvenü in ihm
Auf tausend Schritte wittern." —

So zieht sie hin in langer Reih'
Die Viererzug-Kolonne,
Das drängt sich, das schillert und glänzt und wogt
Im Strahl der Juli-Sonne.

Rings Rasengrün und Blumenflor
Zieht wie ein bunter Rahmen
Sich um die vielen Tausende,
Die heut zum Parke kamen.

In flottem Trabe ging es dann
Zu dem Kristall-Palaste,
Dort war der Rosselenker Schaar
Beim Club-Bankett zu Gaste.

Ein Meisterwerk war das Menü,
Der Koch war ein Franzose,
Die Nation verdient auf diesem Gebiet
Unstreitig den Namen „Die Große". —

~~~~~~

Die Ahnung.

✸

Allabendlich bei'm Glase Wein
Stellt sich der treue Stammgast ein
Und, ob auch das Geschick der Welt
In stetem Wechsel, es erhält
Sich dieser Brauch seit manchem Jahr'
Und heute ist's, wie's gestern war.

Derselbe Platz am selben Tisch,
Es perlt der Wein im Glase frisch,
Er löst die Zungen, es entspinnt
Sich das Gespräch und es entrinnt
Die Zeit so rasch, daß man erst spät,
Oft gar zu spät, nach Hause geht.

Dem heitern Abend reiht alsdann
Sich oft ein kleines Nachspiel an,
Nicht ganz so heiter und sein Recht
Hat dann das schwächere Geschlecht
Gewahrt, es ward nicht offenbar,
Ob's wörtlich oder thätlich war.

Kurz, ob's der Liebe zartes Band,
Ob's einer Schönen kräft'ge Hand
Vermocht, es trat ein Umschwung ein,
Es lichteten sich jetzt die Reih'n
Allabendlich frühzeitig schon,
Verändert war die Situation.

So hielt es eine Zeit lang Stand,
Bis nach und nach der Eindruck schwand,
Den jüngst die Frau, als sie die Macht
Des Stammtischs brach, hervorgebracht
Und alte Sehnsucht überwog,
Die in die frühern Bahnen zog.

Obwohl zuerst noch etwas Maß
Ward eingehalten, bald vergaß
Man jeder Schranke, neu erwacht
War der Gewohnheit alte Macht,
Ob durch Erfahrung auch gemahnt,
Gar mancher Stammgast Unheil ahnt.

Als jüngst nun Politik und auch
Localnachrichten, wie es Brauch,
Schon abgethan und schließlich Skat
Zu den Verführungsmitteln trat,
Ein Stammgast jäh erbleicht und bebt,
Als er den Blick zur Wanduhr hebt.

Er sinkt zurück und es entfällt
Der Hand die Karte, die er hält,
„O meine Ahnung,“ seufzt er bang,
Er rafft sich auf, er, dessen Gang
So fest und sicher sonst, er schwankt,
Wie Rohr im Wind, er war erkrankt.

Es bietet aus der Freunde Schar
Ein Jeder seinen Beistand dar,
Ein Jeder forscht bestürzt und fragt
Ob der Erkrankung, doch es klagt
„O meine Ahnung!" nur sein Mund,
Gab keinen weitern Aufschluß kund.

Zu Schutz und Obhut ihm bestellt
Hat sich ein Freund ihm zugesellt,
Zu leiten ihn mit sich'rer Hand,
Gleich wie ein Kind am Gängelband,
Daß sonder Harm und unversehrt
Er jetzt zurück nach Hause kehrt.

Des Hauses Pforte war erreicht,
Sie zu erschließen, sonst so leicht
War jetzt so schwer, die schwache Hand
War heute dazu nicht im Stand,
Und nach vergeblichem Bemühn
Reicht er dem Freund den Schlüssel hin.

Zum Schlusse seiner Liebespflicht
Der Freund dem Wunsche gern entspricht,
Von seiner sichern Hand gelenkt
Der Schlüssel in das Schloß sich senkt,
Er öffnet. — Himmel! Ihm ward klar
Jetzt, was der Grund der Ahnung war.

Es trifft ihn Hieb auf Hieb mit Macht,
Dem späten Gatten zugedacht,
Der aus geschützter Stellung sieht,
Wie sich der Urteilspruch vollzieht,
Der Strafe über ihn verhängt,
Die jetzt der treue Freund empfängt. —

Hundesperre.

❦

Der hohe Magistrat thut kund:
„Da sich gezeigt ein toller Hund,
So sollen Hunde, groß und klein,
In Zukunft angebunden sein,
Damit Unheil verhütet sei,
Sonst ahndet es die Polizei.“

Jemanden, der, wie allbekannt,
Nicht in dem besten Leumund stand,
Ich bald sein Hündchen führend sah,
Wie's Vorschrift, und ich dachte da:
„Weit besser bänd' die Polizei
Den Mann und ließ das Hündchen frei.“

Konsequenz.

Obwohl es falsch, was er gesagt,
Bleibt er dabei, weil er nicht wagt
Aus Furcht, es sei nicht konsequent,
Daß er das Richt'ge jetzt bekennt. —
Damit er konsequent erscheint,
Bejaht er, statt daß er verneint,
Sagt „nein" statt „ja", und Solches nennt,
Anstatt „verstockt" man „konsequent".

Heimathklänge.

❋

Die erste Inschrift, naht man deutscher Erde,
Sie lautet: „32 Mann, 6 Pferde."

Citatenschmuck.

❋

Er hat seine Rede gewandt und geschickt
Mit Citaten aus Goethe und Schiller gespickt;
Es fällt des Mondes Silberschein
In schmutzige Pfützen und Gossen hinein.

Praktisch.

❀

Der liebende Blick und der Druck der Hand
Und die keimende Liebe — ach, Alles schwand,
Nachdem sie in Erfahrung gebracht,
Daß er eine schlechte Bilanz gemacht.

Vom Feinde lernen.

❀

Jüngst, trotz der guten Freunde Rat,
Fast einen dummen Streich ich that,
Da dacht' ich an des Feinds Gesicht, —
Den dummen Streich beging ich nicht.

Einem Unentbehrlichen.

Wenn Du heute sterben müßtest,
Würd' es im Localblatt stehn
Deiner Heimat, sub Civilstand
Und die Welt würd' weiter gehn.

Die Pharisäerin.

Gern bietet sie zum Kusse dar
Die schönen Lippen und verkündigt,
Daß sie bereits zur Kirche war,
Doch nach dem Gottesdienst erst sündigt.

Dichter-Werkstätte.

✿

Was giebt dem Dichter Feuer, Schwung? —
Zorn, Liebe, Haß, Begeisterung.
Und was giebt seinen Versen Feile? —
Arbeit, Geduld, genügend Weile.

Hirt und Herde.

✿

Weshalb der Hirt die Herde liebt
Und hütet? — Weil sie Wolle giebt.

Erkenntniß.

✿

In der Regel wird's nur bei Andern erkannt,
Wenn Einer mehr Glück hat als Verstand.

Ultima ratio.

Nicht immer will es in Güte gelingen,
Muß man doch selbst die Aehren zwingen,
Mit Flegeln sie zu Boden schlagen,.
Daß ihre Frucht sie nicht versagen.

Gelübde.

Sie gelobten, es solle so rein wie der Wein,
Den sie tranken, auch stets ihre Freundschaft sein,
Und hielten treulich, wie sich's gebührt,
Was sie gelobt, denn der Wein war geschmiert.

Groß und klein.
❋

Schafft selbst dem größten Manne Pein
Ein Floh, — der Floh bleibt dennoch klein.

___

Rechtzeitig.
❋

Der Peitsche Gebrauch kann man oft umgeh'n,
Läßt man sie nur rechtzeitig seh'n.

___

Unecht.
❋

Gar Mancher thut gefühlvoll zwar,
Doch wird sein Mitleid nie erregt;
Es bleicht sich nicht des Hauptes Haar,
Wenn man eine Perücke trägt.

___

Befangenes Urtheil.

Wir finden nie, das Glück sei blind,
Wenn wir von ihm begünstigt sind.

Fügung.

Wir müssen sonderbarer Weise
Gar oft auf uns'rer Lebensreise
Am nächsten g'rade Solchen geh'n
Die uns am allerfernsten steh'n

Non olet.

Wenn unrecht' Gut nur erst gedeiht,
Die Welt den Ursprung schon verzeiht.

Verschiedene Auffassung.

❋

Hält man einen Bauer für einen Baron
Im Irrtum, — der Bauer verzeiht es schon,
Dem Herrn Baron scheint's weniger klar,
Daß es ein verzeihlicher Irrtum war.

Weltklugheit.

❋

„Durch Schaden wird man klug," allein,
Es darf durch Schaden And'rer sein.

Beispiel.

❋

Der allergewaltigste, mächtigste Mann
Dem Kleinsten als Beispiel „dienen" kann.

Unzulänglich.

Ein edeldenkender Mann! — Doch schad',
Es reift sein Denken nie zur That.

Schwanengesang.
Nach dem Englischen.

Der Schwan singt, eh' er stirbt, wie uns die Sage lehrt,
Bei manchem Sänger wär' es besser umgekehrt.

Einem Verleumder.
Nach dem Englischen.

Füg' du mir zu, ich werd' mich rächen
Und über dich die Wahrheit sprechen.

Kritik.
Nach dem Englischen.

Der Dichtung fehlt das Feuer, d'rum rasch und
säume nicht,
Laß sie im Ofen finden, woran es ihr gebricht.

Einem unglücklichen Spieler.
Nach dem Englischen.

„Verwünschtes Würfelspiel! Ich habe immer Pech —"
„Der beste Wurf für Dich, Du wirfst die Würfel weg."

Im Wein ist Wahrheit.

Im Wein ist Wahrheit, doch wenn man sie hört,
Ist sie gar oft des Wein's nicht werth.

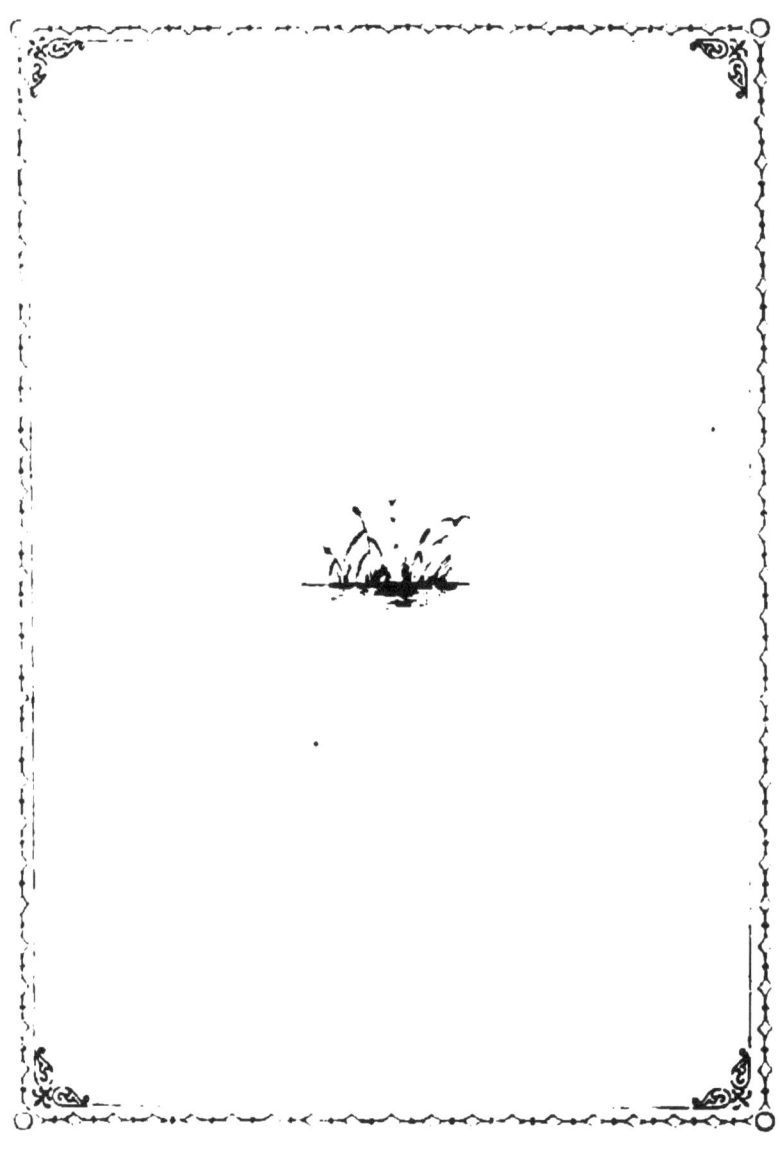

Gelegenheits-Gedichte.

Dem Gutsherrn von Creisau.
Zu Weihnachten 1890.

❦

Ihr schlichten Worte, nur mit Zagen
Entsend' ich Euch auf Eure Bahn,
Ihr sollt, ihm Grüße zuzutragen,
Euch einem Kriegsgewalt'gen nahn,

Der die vereinten Legionen
Deutschlands zu Kampf und Sieg gelenkt,
Ihm, dessen Kriegsruhms nach Aeonen
Man noch bewundernd einst gedenkt.

Der erst für die schwarz-weißen Fahnen
Mit weisem Wägen, rascher Chat
Eröffnete die Siegesbahnen,
Die Deutschland glorreich dann betrat.

Der, als des deutschen Adlers Schwingen
Sich hoben zum gewalt'gen Flug
Gen Westen, im Titanenringen
Das sieggewohnte Frankreich schlug.

Und wenn der Mann, der die Geschicke
Von Metz, Sedan, Paris gelenkt,
Die hellen, klaren Denkerblicke,
Ihr schlichten Worte, auf euch senkt,

Dann sollt ihr nicht die Versflut mehren,
Die seines Volkes Dank entquillt
Und die den kriegerischen Ehren
Des neunzigjähr'gen Helden gilt.

Ihr geltet ihm nicht, den vom Ruhme
Umstrahlt uns die Geschichte zeigt —
Nein! Ihm, der still im Heiligtume
Zu einem theuren Grab sich neigt.

Es hat das Schicksal so gewaltet,
Daß sich für ihn die Weihnachtszeit
Zu einem Denktag hat gestaltet,
Frommer Erinnerung geweiht.

Es kehrt die schmerzensreiche Stunde,
Die einst entrissen ihm sein Glück,
Die einst ihm schlug gar schwere Wunde,
In festgeweihter Zeit zurück.

Ihm, der nach frommer Pilger Sitte
Und in Erinnerung versenkt,
Erfüllt von Ehrfurcht, seine Schritte
Zum stillen Grab der Gattin lenkt,

Ihm, der in nie erloschner Treue
Zu ihr, die ihn so hochbeglückt,
An jedem Weihnachtstag auf's Neue
Der Gattin Bild mit Blumen schmückt,

Dem geltet ihr, und euch verleihe
Der Geist, aus dem hervor ihr geht,
Daß euch der Odem hehrer Weihe
Und feierlicher Ernst durchweht.

Ihr geltet ihm, der im Getriebe
Von „Blut und Eisen" sich bewahrt
Ein Herz, das sich im Werk der Liebe
Für Creisaus Kinder offenbart.

Ihr geltet ihm, den frommes Sehnen
In die geweihten Räume rief,
Geheiligt für den Sohn, in denen
Die theure Mutter einst entschlief.

Ihm, der geliebt, nicht nur bewundert,
Ihm, den als Menschenfreund, als Held
Deutschland und mit ihm das Jahrhundert
Stolz seinen Besten zugesellt!

Der deutschen Gesellschaft zur Rettung Schiffbrüchiger.

Ein Aufruf!

Zur fernen Nachwelt hin die Namen strahlen
In blut'gem Kampf bewährter, tapfrer Helden,
Ihr thatenreiches Leben die Annalen
Des Schlachtenruhmes unauslöschlich melden.

Ihr stolzer Ruf, von Kampf und Sieg getragen,
Lebt fort im Angedenken der Nationen,
Und hohe Monumente ihnen ragen,
Ein eh'rner Dank, um eh'rne That zu lohnen.

Wie ihren Thaten wir Bewund'rung schenken,
So auch nicht minder schweren Kampfes wollen,
Nicht minder wackrer Streiter wir gedenken,
Bewundrung ihren Heldenthaten zollen.

Ihr Name fliegt nicht auf des Ruhmes Schwingen
Gefeiert weithin über alle Lande,
Die Botschaft ihres Kampfs und Sieges bringen
Uns Rettungskunden her vom Meeresstrande.

Und nicht Fanfarenklänge, weh'nde Fahnen
Begeistern sie auf ihrem Feld der Ehre, —
Ein Notsignal zeigt ihnen ihre Bahnen
Im Kampfe mit dem sturmbewegten Meere.

Wenn in dem aufgewühlten Oceane
Zu Wellenbergen hoch die Wassermassen
Sich türmen und vom tobenden Orkane
Einhergepeitscht ein armes Schiff erfassen,

Wenn die vom Sturm gezerrten Segel reißen
Und schäumend über's Schiff die Wogen rollen
Und Menschenhände hülflos sich erweisen,
Die dem Verderben — ach! nicht steuern sollen.

Jetzt hoch empor, zur Tiefe dann gezogen,
Verschwunden in dem Strudel. — Weh' dem Schiffe!
Jetzt taucht es auf, jetzt schleudern es die Wogen
Mit mächt'gem Ruck, es sitzt auf einem Riffe.

Nun ist's vorbei. — Starr wie in Eisenklammern,
Sitzt fest das Schiff, die unrettbare Beute
Der Wellen, ungehört verhallt das Jammern
Um Hilfe der dem Tod geweihten Leute.

Doch weiter als der Schwerbedrängten Stimme
Vermag vom Lande her der Blick zu dringen,
Und dort steht treue Wacht, die vor dem Grimme
Des Meers nicht scheut, kann sie Errettung bringen.

„Ein Schiff in Not!" beherzte Mannschaft schreitet
Zum Strand hinab. Von kräft'ger Faust geschoben
Ein Rettungsboot hin durch die Brandung gleitet,
Jetzt hebt's die Flut. Vorwärts trotz Sturmestoben.

Es rast die See, sie schleudert ihre Wellen
In hohem Wurf dem Rettungsboot entgegen,
An dessen Bug aufschäumend sie zerschellen,
Es theilt die Flut sich von des Ruders Schlägen.

Droht auch der Tod in vielfachen Gestalten,
Die Retter nahn, das Leben wackrer Leute,
Der Vater, den den Kindern sie erhalten,
Dem Weib' der Gatte, ist der Sieger Beute.

So stehn die deutschen Rettungslegionen
Von Frieslands Strande bis zum fernen Osten,
Zum kur'schen Haff auf Rettungsstationen
Stets hilf- und kampfbereit auf ihrem Posten.

Und daß des Rettungsheeres Reih'n erstarken,
Daß es dem Untergang, dem Tode wehre,
Ertön' der Ruf durch alle deutschen Marken:
„Gedenket eurer Brüder auf dem Meere!

Und steht ihr auch nicht kämpfend in den Reihen,
Auch ihr vermögt es, Unheil abzuwenden,
Könnt ihr der Hände Kraft dem Werk nicht weihen,
Weiht euer Herz ihm, fördert es durch Spenden,

Dann sät ihr gute Saat, im Sturme reifend,
Dem Schwerbedrängten, kämpfend um sein Leben.
In Todesnot das Rettungsseil ergreifend,
Habt helfend ihr die Bruderhand gegeben.“

An die Heimat.

Zur Zeit der Wassersnot, December 1882.

❀

Wenn sonst ich an die Heimat denke,
An Mainz und an das rhein'sche Gau
Und in Erinn'rung mich versenke,
Die heimatlichen Thale schau'
Mit ihrem heit'ren muntern Volke,
Dünkt's mich, als hört' ich frohen Sang,
Dann flieht des Unmuts düst're Wolke,
Wie Sorge flieht beim Gläserklang.

Doch ist's ein Bild von düstern Farben,
Ein Bild, vor dem die Freude weicht,
Ein Bild von Elend und von Darben,
Wenn jetzt Erinn'rung mich beschleicht:

„Das Auge sieht die wilde Welle,
Der Rhein verließ die alte Bahn
Und trat, — ein wüster Raubgeselle, —
Die Laufbahn des Zerstörers an.

Es folgt Vernichtung seinen Spuren,
Nichts hält vor seinem Anprall Stand.
Die Dämme bersten, über Fluren
Und Haus und Hof und Ackerland
Die Wogen unaufhaltsam rasen —
Verderbenbringend dringt die Flut
Bis in der Stadt geschäft'ge Straßen,
Zerstörend weithin Hab' und Gut.

In die Behausung dürft'ger Leute
Dringt mit Gewalt der Wogenschwall,
Die Habe wird der Wellen Beute,
Es retten vor dem Ueberfall
Die Armen nur das nackte Leben;
Das Wen'ge, was der Hände Fleiß
So schwer errungen, hülflos geben
Sie es dem Untergange Preis.

Jäh aus dem schlichten Heim getrieben,
In welchem jetzt die Woge wallt,
Ist Nichts gerettet, Nichts geblieben,
Nichts für des Lebens Unterhalt.
Nichts, sie zu wärmen, zu ernähren,
Jetzt, da der Winter ihrer harrt,
Da ihnen Hunger, Not, Entbehren
In's kummerbleiche Antlitz starrt.

Und soll ihr Hilferuf verhallen?
Soll es des Schicksals Wille sein,
Daß sie dem Untergang verfallen?
„Nein," tönt es tausendfältig, „nein!" —
Durch Deutschland zieht ein mild' Erbarmen,
Es dringt in alle Herzen ein,
Es wirbt um Hilfe für die Armen,
Es hält die Liebe „Wacht am Rhein".

Es ist ein herzerhebend' Ringen,
Die Not ist groß, der Kampf ist schwer,
Doch Mut und Zuversicht durchdringen
Das opferfreud'ge Liebesheer,

Es kämpfen in dem edlen Streite
Die deutsche Kunst, das deutsche Lied,
Und an des deutschen Mannes Seite
Die deutsche Frau zum Kampfe zieht.

Gar schlimmen Feind gilt es zu schlagen,
Den Jammer, welcher durch die Flut
So plötzlich in das Land getragen. —
Den Armen, deren Hab' und Gut
Zerstört, gilt es durch Liebesspenden
Zu helfen, bis im Lauf der Zeit
Die Dinge sich zum Bessern wenden, —
Es gilt zu lindern schweres Leid.

O, daß bald unser Auge schaue
Von banger Sorge frei, beglückt,
Die schwergeprüften, rhein'schen Gaue,
Die jetzt so großes Unglück drückt,
Daß keine düsteren Gedanken
Von Armut, Elend, Not und Pein
Das wundervolle Bild umranken
Vom „schönen, freien, deutschen Rhein".

Zur fünfzigjährigen Gedenkfeier
der Errichtung des Gutenberg-Denkmals
in Mainz, 14. August 1887.

Wenn sich des Geistes Schaffenskraft entfaltet,
Sein Denken, Fühlen, Sinnen sich durchwebt
Vom Hauch des Genius künstlerisch gestaltet,
Des Dichters Lied, des Barden Sang entsteht.
Wenn weise Männer uns die Schätze geben,
Die aus der Wissenschaften reichem Schacht
Sie regen Geistes, emsig fördernd, heben, —
Wenn durch die Dunkelheit der geist'gen Nacht,
Die Irrtum, Fanatismus, Wahn verbreiten,
Der Lichtstrahl eines freien Geistes bricht
Und wenn, im Geistesfluge seinen Zeiten
Voran, ein Seher mahnend zu uns spricht.
Wenn edlen Lehren, herrlichen Gedanken

Ein Redekund'ger schwungvoll Worte leiht, —
Wer hebt die Worte aus den engen Schranken
Von Raum und Schall, bannt sie für alle Zeit
In feste Form, um ihren Geist zu tragen,
Daß weithin durch die ganze Welt er dringt?
Wer läßt die Herzen in Bewund'rung schlagen,
Zu denen er der Dichtung Perlen bringt?
Die Offenbarungen, dem Geist verkündet,
Wer trägt sie weithin über alle Welt?
Wer lenkt das Licht, das Wissenschaft entzündet,
Daß es der ganzen Menschheit Geist erhellt?
„Wem danken wir's?" — Ein Denkmal giebt uns Kunde,
Es schuf Thorwaldsens Kunst des Mannes Bild,
Dem heute Lob und Preis aus jedem Munde
Aus unsern Herzen Dank entgegenquillt.
Die Männer, die die Stätte einst umstanden,
Auf der das Denkmal Gutenbergs sich hebt,
Sind heimgegangen, fünfzig Jahre schwanden
Seit jenem Tag, der Geist von damals lebt,
Er lebt in uns, er wird nicht mit uns sterben,
Die Zukunft wird von der Vergangenheit
Die Gaben Gutenbergs, die unschätzbaren, erben,

Sie wird der Erbe unsrer Dankbarkeit.

Durch seine Kunst ward' uns der Schrein gegeben,

Darin wir bergen sicher, unversehrt

Den geist'gen Schatz, durch den in unsrem Leben

Das Leid sich mindert, sich die Freude mehrt.

Von seinem segensreichen Werk getragen,

Sein Name zu den spät'sten Zeiten dringt

In weite Fernen, wo nur Herzen schlagen

Für das, was Weisheit lehrt, was Dichtung singt.

Stolz darf Moguntia ihren Sohn ihn nennen,

Aus unsrer Vaterstadt die Quelle fließt,

Die als die Schöpfung Gutenbergs wir kennen,

Aus der sich Segen, Freude, Heil und Glück ergießt.

Anmerkungen.

Die Glücksnummer.

Man schreibt dem „Mähr.-Schles. Cour." aus Groß-Ullersdorf, Januar 1888: „In unserem Dorfe trug sich der Fall zu, daß ein Gewinn in der Zahlen-Lotterie die Ursache des Todes eines Menschen wurde. Ein armer Orgeldreher aus Pfühlwies gewann in der Lotterie 600 Gulden. Voll Freude ging derselbe zur Zeit der heftigen Schneestürme vor Neujahr nach Mährisch-Schönberg, um seinen Gewinn zu beheben. Im heftigen Schneesturme verfehlte derselbe den Weg und wurde später erfroren aufgefunden. Die 600 Gulden fanden sich wohlverwahrt in seiner Tasche." — „Kölnische Zeitung," Januar 1888. —

Verhängniß.

Warum sind in der Kirche von Bajardo mit einem Schlage 300 Personen getödtet worden, während

in dem paradiesisch schön gelegenenen Monte-Carlo mit
dem sündhaften Zauberreize von sechs Roulette- und
zwei trente et quarante-Tischen kaum Schäden zu be-
merken sind? — „Kölnische Zeitung" vom 27. März
1887, über das Erdbeben an der Küste des Mittel-
meeres. —

Joseph Seedß.

Sonntag, den 22. Oktober 1882 passirte ein aus
10 Wagen bestehender, über 600 Personen beför-
dernder Zug Bergen-Cut an der Pennsylvanian-Central-
Eisenbahn, mit einer Fahrgeschwindigkeit von 30 eng-
lischen Meilen in der Stunde, als plötzlich der Ruf:
„Feuer, Feuer" ertönte und Rauch und Flammen durch
die offene Thüre des dem Tender zunächst folgenden Rauch-
wagens brachen. — Die Bestürzung der Passagiere steigerte
sich zu panischem Schrecken, als der Locomotiv-Führer und
der Heizer sich in den Rauchwagen stürzten und die
in Flammen gehüllte Locomotive ohne jegliche Leitung
dahinbrauste, sicherem Verderben entgegen, wenn es
nicht gelang, ihren Lauf zu hemmen. — Die Fahrgeschwindigkeit des Zugs machte die Aussicht auf
Rettung durch Herabspringen von den Wagen hoff-
nungslos, und die entsetzten Passagiere sahen sich dem

Tod in den Flammen verfallen. Die im rückwärts gelegenen Teile des Zugs befindliche Notbremse konnte nicht in Werk gesetzt werden, da die — bei amerikanischen Eisenbahnen durch den ganzen Zug führende — Passage von verzweifelnden Passagieren vollgepfropft war. — Auf die angstvollen an den Locomotivführer Joseph Seeds gerichteten Rufe: „Was soll geschehn?" erfolgte keine Antwort; es war Zeit zum Handeln, nicht zum Sprechen, er kletterte über den Tender, stürzte sich in die Flammen und verschwand. Das Feuer war durch einen aus der Fahrrichtung her in den Feuerraum dringenden Luftzug entstanden, der die Flammen heraustrieb; mitten durch die lodernden Flammen mußte Seeds, um die Luftbremse zu erreichen, er drang durch, erreichte die Bremse und brachte mit brennender Hand den Zug zum Stehen. — Linderung seiner rasenden Schmerzen und Rettung suchend, stürzte er zurück zum Tender und in den darauf befindlichen Wasserbehälter und dort fanden ihn die durch ihn geretteten Passagiere. Das Fleisch löste sich ihm vom Leibe, als man ihn behutsam und zärtlich nach dem Hospital von Jersey-City überführte, wo der Wackere starb. — Sam Hobart von Juslin, D. Fulton, pag. 223. —

Prinz Karl von Württemberg.

Prinz Karl, kaiserl. russischer Generallieutenant, geboren 1770, hatte, im Juni 1791, von Petersburg zum Kriegsschauplatz eilend, die Nachricht erhalten, daß die Russen über die Donau gegangen seien. Bei großer Hitze reiste er mit doppelter Geschwindigkeit, zum Heere zu kommen, ehe ein ernster Schlag geführt wurde. Das Unglück wollte, daß er gerade am Nach-mittag nach der ersten Schlacht bei der Armee eintraf und durch diese Verspätung eine tiefe Gemütserregung erlitt. Alsbald schwer erkrankt, wurde er von den Russen nach Galatz gebracht, aber die sorgfältigste Pflege konnte ihn nicht retten, er starb am 22. August 1791. — Prinz Karl von Württemberg, von Dr. Aug. von Schloßberger. —

Potemkin.

Der Fürst Potemkin war bei Beerdigung des Prinzen Karl von Württemberg in Cherson zugegen. Als er nach dem Schlusse des Gottesdienstes aus der Kirche trat, kam statt seiner Kutsche, welche vor-zufahren befohlen war, der Leichenwagen heran.

Potemkin, sehr abergläubisch, trat mit Schaudern
zurück, erkrankte alsbald darauf und starb am
5. Oktober 1791. — Prinz Karl von Württemberg,
von Dr. Ang. von Schloßberger, pag. 225. —

Ik kunn di jo nich helpen.

Anfangs der siebenziger Jahre unternahm ein in
einer hannöverschen Elbmarsch wohnender Jollenführer
eine Fahrt nach einer einige Meilen entfernten Elb-
station in Begleitung eines Schiffsknechts und nahm,
dem Wunsche seines siebenjährigen, einzigen Söhnchens
willfahrend, den Kleinen mit, obwohl heftiger Wind
wehte; er schickte den Knaben, da des widrigen Wetters
wegen lavirt werden mußte, in die an der Hinterseite
des Schiffes gelegene, niedrige Kajüte. Bei dem nun
folgenden Umlegen warf ein Windstoß die Jolle um,
sodaß sie Wasser faßte und der Schiffer und sein Knecht
in die Elbe geschleudert wurden; das Kleine, stets mit-
geführte Boot erhaschend, sahen sie sich nach der Jolle
um, welche auf der Seite lag, und sich mit Wasser
füllte, der Art, daß der Kleine in der Kajüte dem
Tode verfallen war, denn der an die Kajütenthüre
stoßende Schiffsraum stand bereits unter Wasser, und

von dieser Seite war keine Rettung möglich, ebensowenig,
wie durch die zu kleinen Kajütenfenster, an welche der
Vater sein Boot anlegte. — Ein Werkzeug war nicht
da, um das Holzwerk zu zertrümmern, er zerschmetterte
sich die Rechte an den eichenen Schiffsbalken und fiel
ohnmächtig in den kleinen Kahn zurück, sein armes
Kind war unrettbar verloren. — Seit jener Zeit war
des Vaters Geist umnachtet, und auf seinem Sterbe-
lager nach mehr als zwanzig Jahren waren seine
letzten Worte: „Ik kann di jo nich helpen, mien lütt'
Hannes, ik kann jo nich!" — „Vossische Zeitung,"
Juli 1893. —

Dem Gutsherrn von Creisau.

Im Jahre 1868, am „Weihnachtsabend", raffte
der Tod die Gattin des Feldmarschalls von Moltke
von seiner Seite, der seitdem kein lautes Weihnachts-
fest mehr gefeiert hat, und deren Grabdenkmal in
Creisau er während seines Aufenthaltes daselbst sofort
nach seiner Ankunft und dann fast allabendlich auf-
zusuchen pflegt. — Für die Kinder der Einwohner von
Creisau hat der Feldmarschall eine Sparkasse errichtet,

deren Einlagen nebst Zinsen jedem Kinde bei voll-
endetem vierzehnten Lebensjahre ausgezahlt werden,
außerdem hat derselbe sich bereit erklärt, jede von den
Kindern zu Creisau gemachte Spar-Einlage, gleichviel
in welcher Höhe dieselbe gemacht wird, zu verdop-
peln. — Ein Zug aus Moltkes Leben wurde bei der
Moltke-Feier im Schleswiger Bürgerverein erzählt:
„Im Jahre 1864 kam ein preußischer Offizier zu dem
in der Langenstraße wohnenden Maler Wastner und
bat, dessen Wohnung besehen zu dürfen. Schweigend
besah der Fremde alle Zimmer, bis er in einem der-
selben gedankenvoll stehen blieb und sagte: „Hier ist
meine Mutter gestorben. Ich danke Ihnen recht sehr,
daß Sie mir erlaubt haben, diese mir so heilige Stätte
nochmals zu betreten. Mein Name ist Moltke!" —